Robert d'Arbrissel
fondateur de Fontevraud

JACQUES DALARUN

Robert d'Arbrissel
fondateur de Fontevraud

Préface de Georges Duby

Albin Michel

22, rue Huyghens, 75014 Paris

ISBN 978-2-226-39820-8

PRÉFACE

*Jacques Dalarun est un savant, déjà rompu aux techniques de l'érudition la plus fine. C'est aussi un écrivain. Il s'est acharné pendant des années à repérer toutes les traces, dispersées, effacées, ténues, laissées par Robert d'Arbrissel, un personnage étrange à nos yeux, étrange aux yeux de ses contemporains. Cet homme a vécu, il a parlé, il a marché sans cesse, sur les chemins, dans les forêts de la Bretagne, du Maine, de l'Anjou, au tournant des XI*e *et XII*e *siècles, dans une époque de pleine ébullition culturelle. Des gens qui vivaient en ce temps, le comportement nous étonne : il était commandé par des coutumes, des croyances, une vision du monde toutes différentes de celles que nous partageons. Et pourtant — voici sans doute d'où vient l'attrait qu'exerce sur nous le Moyen Age — nous descendons directement de ces gens, nous avons hérité d'eux ce qui constitue le fond de nos pensées, de nos émois. Ainsi, à Robert qui était prêtre, appelé par son état à guider pertinemment ses frères vers leur salut, des problèmes se posaient, ana-*

logues à ceux qui aujourd'hui nous préoccupent : comment se tenir face au pouvoir, face à l'argent, face aux mystères de l'univers ? Face aux désirs ? Comment les hommes doivent-ils traiter les femmes, se conduire à l'égard de cette part de l'espèce humaine, attirante, inquiétante, faible et pourtant dotée de si sombres puissances ? A ces questions, Robert, posté aux avant-gardes de la quête spirituelle, donna des réponses violentes, dérangeantes. Les évêques, responsables de l'ordre public, parlaient de lui comme d'un fou, d'un obsédé, comme d'un hérétique. On voulut lui fermer la bouche. Des disciples en effet s'attachaient toujours plus nombreux à ses pas, et dans cette suite, des femmes, de ces épouses de prêtres que la réforme du clergé, la prescription nouvelle du célibat ecclésiastique, jetait sur le pavé, de ces épouses de princes, répudiées, bafouées, ou bien fuyant les rigueurs d'un mari trop brutal, des femmes éperdues, attendant la lumière coudoyaient les hommes, le jour, la nuit : scandale. Robert finit par fonder l'abbaye de Fontevraud. Les religieux se trouvaient ici subordonnés aux religieuses. Autre scandale : la hiérarchie nécessaire, sur quoi repose l'équilibre de la création, se trouvait renversée.

Lorsque cet ascète encombrant mourut, ses compagnons recueillirent ses propos, relatèrent ses actes dans l'espoir de faire reconnaître officiellement sa sainteté. Il fallait pour composer sa biographie du doigté. Encore risquait-elle d'être gênante, en particulier pour les abbesses chargées de diriger la communauté de Fontevraud. C'est ainsi que l'une de ces vies fut amputée de sa dernière partie. Sagace, Jacques Dalarun a retrouvé l'important fragment que l'on avait dissimulé et cette découverte fait apparaître dans une lumière toute neuve la figure de Robert d'Arbrissel.

Le fruit, savoureux, de ses recherches, Jacques Dalarun le soumit d'abord, dans les formes requises et qui sont austères, à l'examen des experts. La thèse de doctorat qu'il soutint fit sensation. Il a choisi aussitôt d'en reprendre la matière et, sans rien sacrifier de la précision de son enquête, d'écrire la même histoire mais, pour notre plaisir, sur ce ton allègre et ferme qui est le sien.

Georges DUBY

1.

AUX SOURCES

LES ordres religieux s'enorgueillissent d'ordinaire de leur fondateur. L'ordre de Fontevraud tait le sien, obstinément. Cette étrange congrégation où les hommes étaient soumis aux femmes, qui étendait sa puissance sur près de cent cinquante prieurés en France, en Angleterre, en Espagne, dont la moindre abbesse était cousine de prince ou de roi, aimait à oublier Robert d'Arbrissel, l'ermite médiéval à qui elle devait le jour.

Fontevraud. Au confluent de la Loire et de la Vienne, il faut quitter le Val, remonter au sud l'entaille du plateau, sur une lieue. L'abbaye étale là ses fastes ; le plus vaste ensemble architectural religieux que nous ait légué l'Ancien Régime. La tendre pierre blanche et la grisaille des ardoises confèrent aux bâtiments leur unité. Voûtes romanes, cloître Renaissance et pavillon XVIIe entrent en tranquille harmonie. Tout est en ordre.

C'est en franchissant le seuil de l'église abbatiale, Notre-Dame du Grand-Moutier, qu'apparaît la fêlure. En un regard, on embrasse le destin de Fontevraud et de Robert. Tout est écrit là, dans la pierre. Une nef large et lourde et sombre, fermée du pesant couvercle de quatre coupoles successives, au fond de laquelle se lève l'aube éclatante du chœur. L'abside et le transept datent du début du XIIe siècle, contemporains du fondateur. La nef date des années 1125 à 1150. C'est Pétronille de Chemillé, la première abbesse, qui en dirigea les travaux.

Désespérément large, sans bas-côté, elle évoque plus la salle d'un palais que l'élan d'une église. Autant ce roman est ancré en terre, autant le chœur, plus primitif pourtant, est céleste dans sa verticalité et sa lumière. On le sent déjà tout entier habité de cette transcendance qui germera quelques lustres plus tard à Saint-Denis, à Laon, à Senlis, à Noyon, à Paris. Les hommes de Napoléon ne s'y sont pas trompés, qui en 1804 ont transformé la nef en dortoir pour les détenus, sur trois étages — côté du prince logiquement devenu côté de la prison — et qui ont laissé le chœur intact, rendant ainsi hommage à ce qu'il y avait là d'irréductible.

Il faut alors quitter le Val de Loire, piquer au Nord-Ouest, traverser les lambeaux des forêts d'antan et arriver à Arbrissel, cet Arbressec de Bretagne dont Robert est le fruit. Là, dans la petite église du village évanoui, le granit dicte sa loi : des angles vifs, pas de dentelles, peu de décoration hormis les figures grimaçantes des corbeaux de pierre, semblables aux ébauches mal dégrossies de quelque divinité aztèque. C'est de ce village, de cette église où l'on sent affleurer les racines d'un fonds sans âge, que Robert fut le curé. Les lieux parlent, surtout au Moyen Age. Nommer un homme, c'est alors nommer une terre. L'identité des êtres est dans le sol dont ils sont, dont ils restent. Robert d'Arbrissel, fondateur de Fontevraud ; germé là, inhumé ici. Dans ce trajet des franges de la Bretagne aux confins du Poitou et de l'Anjou, il y a sans doute des indices pour comprendre de plus secrets itinéraires.

∴

Mais pour aller au-delà de l'intuition, il faut en venir aux textes. Robert d'Arbrissel a eu deux *Vies.* Entendons par là que deux récits, deux *Vitae,* témoignent de son existence. Sans eux et sans quelques lettres qui lui furent adressées, il ne serait qu'un nom au bas de chartes, une mention dans quelques chroniques, un infime gravillon sur l'estran de la mémoire collective. Grâce à ses deux hagiographes, il est un peu plus que cela. Les historiens ont suffisamment de prise pour disserter et disputer sur lui. Ils ne s'en sont pas privés.

La première *Vita,* écrite très peu de temps après la mort de Robert en 1116, est due à Baudri. L'homme fut plus de vingt-cinq ans l'abbé du monastère Saint-Pierre de Bourgueil, qui fait face à Fontevraud sur la rive droite de la Loire. En 1107, après quelques tentatives infructueuses, il se hisse sur le siège archiépiscopal de Dol. Triomphe de courte durée ; au milieu de ses ouailles de Petite Bretagne, il se sent comme « parmi les scorpions », encerclé de leur « férocité bestiale ». Au gré de ce trajet inverse de celui de Robert, la production littéraire du prélat s'infléchit. Délaissant la confection de ses élégants poèmes de cour, il se lance dans l'hagiographie. En 1116, il a franchi le cap des soixante-dix ans, âge inespéré. Il a décrit plus que son temps et il est urgent de songer à faire œuvre pie. L'abbesse de Fontevraud, Pétronille, l'en prie. A sa demande, il rédige la biographie du fondateur, de sa naissance à sa mort. Le récit n'est pas bien long, d'un latin un peu ampoulé, réputation oblige. Il scande bien les grandes étapes de la vie de Robert : changements de statut, changements de lieu. Mais c'est un peu plus qu'un *curriculum vitae* ou qu'une œuvre de commande. Entre le poète de cour et l'ermite se sont tissées d'inattendues correspondances. Par instants, c'est bien de l'âme de Robert qu'il s'agit, et de ses tourments, en rapides et profondes échappées.

Pour compléter ce premier récit, pour le corriger aussi, Pétronille de Chemillé sentit la nécessité d'une seconde *Vie*. Elle la commanda à un homme que les statuts particuliers de Fontevraud plaçait sous sa coupe, à son obéissance : le prieur des frères, du nom d'André. C'est ce qu'on croit du moins, car l'écrit est anonyme mais son hypothétique attribution s'est transmise d'âge en âge. Plus long que celui de Baudri, il ne narre pourtant que les six derniers mois de Robert, mais par le menu ; pas un soupir de l'agonie qui ne nous échappe. C'est avant tout l'occasion de recueillir les dernières volontés du maître et celles en particulier qui afférent au gouvernement de son ordre. Pétronille y compte bien. Elle attend du récit qu'il fonde à jamais la légitimité de son pouvoir. On ne s'étonnera pas d'en trouver ci-dessous des citations en moyen français, dans la langue des XVe et XVIe siècles ; une langue belle et limpide, qui n'est cependant pas tout à fait la nôtre et qui tire de cette étrangeté une grâce supplémentaire. Rédigé deux ou trois ans seulement après la mort du fondateur — en latin par conséquent — ce texte nous est en effet partiellement parvenu dans une traduction plus récente.

A la différence de ces édifiantes *Vitae*, les deux lettres adressées à Robert n'ont rien de flatteur. La première, écrite aux dernières années du XIe siècle, émane de Marbode, évêque de Rennes. La seconde, en date des premières années du XIIe siècle, provient de Geoffroy, abbé de la Trinité de Vendôme. Tous deux sont hommes de poids, parmi les plus éminents du haut-clergé séculier ou régulier. Leurs lettres sont des réquisitoires. Robert est accusé de se complaire dans la compagnie des femmes et de troubler l'ordre social. Son péché cardinal n'est pas de luxure. Plus grave que tout, c'est le péché d'orgueil, majeur en ce premier âge féodal ; la présomption de celui qui se croit plus fort que l'ennemi et tombe tête baissée dans ses rets. On découvrira, chemin faisant, d'autres pièces de moindre importance. L'essentiel est dans ces quatre sources. Car deux à deux affrontées, elles dessinent le trait caractéristique de ce dossier : le conflit, la contradiction. Louanges ou blâmes, Robert ne supporte pas la tiédeur.

Les historiens n'échappent pas à ce charme. Tiré à hue et à dia, plus utilisé au service de thèses qu'étudié pour lui-même, le fondateur de Fontevraud constitue un enjeu historiographique de taille. Mais c'est une auberge espagnole : chacun y trouve ce qu'il y apporte. Les historiens des pays de l'Est ont vu en son message l'expression d'aspirations populaires contre l'injustice de l'ordre social. Michelet, en une page célèbre de son *Moyen Age*, avait exploré d'autres voies. A ses yeux, Robert aurait été avant tout un défenseur du sexe faible : « Il rouvrit aux femmes le sein du Christ. » L'idée a fait fortune. Aux âges sombres de cauchemar, d'aucuns substituent aujourd'hui un Moyen Age de rêve, trop beau pour être vrai, où notre siècle projette ses désirs comme d'autres projetaient sur les ténèbres gothiques leurs répulsions et leurs peurs. Robert d'Arbrissel est un des héros de ce monde un peu mièvre. La fondation de Fontevraud devient geste de courtoisie envers les grandes dames. Quant au fondateur, s'il a, comme ses disciples, un accoutrement « digne des hippies de notre temps », soyez sans crainte, Régine Pernoud assure qu'il « mène au milieu de cette foule disparate une vie de parfaite chasteté ».

∴

Aspirations populaires, émancipation féminine : les chapitres qui suivent ne prétendent pas trancher ces grands débats. On n'y apprendra pas non plus si Robert dormit au milieu de ses disciples des deux sexes en tout bien tout honneur, car nulle part cela n'est écrit. Sur l'institution de Fontevraud, ses aspects juridiques, l'essor du temporel, on trouvera peu de chose. Les chartes, les bulles, les statuts nous ont moins retenu que les sources narratives.

Ce qui suit n'est que l'histoire d'un tourment ; l'histoire d'un homme en proie aux flammes et qui cherche, désespérément seul, le moyen d'éteindre ce feu qui lui fouaille les entrailles ; un long et pénible chemin, de la haine du monde à la réconciliation de l'Esprit et de la chair, de l'obsession de la faute à l'invasion de la grâce. Car écoutons un instant ces gens d'un autre âge pour ce qu'ils disent. Ils ne parlent pas d'émancipation, mais de salut.

Le récit qui vient, dépendant de ses sources, reste une *Vie de saint* — et dépendant en cela non seulement des *Vitae,* mais des lettres accusatrices elles-mêmes. Le saint, de loin, se signale. C'est un *lucifer,* porteur de lumière et cela ne va pas sans scandale. A qui viendrait à notre époque l'espoir — et même l'idée — de se voir canonisé ? Les pas mesurés de la Congrégation des rites, pesante machine centralisatrice et temporisatrice, rejettent dans un avenir lointain les rêves d'éventuels candidats aux autels. En cette orée du XIIe siècle, quiconque a fait parler de lui — en bien de préférence, mais ce n'est pas impératif —, quiconque a manifesté des vertus un peu au-dessus de l'ordinaire peut espérer s'éteindre « en odeur de sainteté ». Robert d'Arbrissel est de ceux qui se sont un jour fixé le projet d'être saint. Orgueil encore et toujours ? Mais le saint ne se signale que pour s'effacer. Tel le doigt de Jean Baptiste pointé sur le Christ, il attire l'attention pour, déjà, la porter ailleurs. La présomption de Robert suppose l'humilité, sa volonté prépare son abandon. Sur les chemins de l'ouest de la France, il suivait nu le Christ nu.

2.

LA CHAIR ET LE VERBE

ROBERT a dû naître vers 1045. C'est du moins ce qu'affirment les historiens, sur de faibles indices. Savait-il lui-même la date de sa naissance ? Il y a bien peu de chances. Ce genre de détail, au surplus, n'intéresse guère les hagiographes. La vraie naissance du saint est à chercher à l'autre bout du récit : c'est le jour de sa mort, du retour vers le Père, qui deviendra la date de sa fête, de sa délivrance. Ce que nous appelons voir le jour n'est pour la spiritualité médiévale que le début d'un exil, d'une toujours trop longue nuit.

En revanche, on sait le lieu d'où l'on vient. En cercles concentriques, Baudri de Bourgueil cible le coin de terre où Robert prend ses racines : il est né au sein de la Chrétienté, en Petite Bretagne, au pays de Rennes, à Arbrissel. En marge. A la frange orientale de l'Armorique, à quelques lieues de l'Anjou ; dans une de ces zones aujourd'hui encore à la limite des départements après avoir été des siècles à la limite des diocèses ou des provinces et qui, entre deux îles d'humanité, ont gardé plus longtemps qu'ailleurs de grands lambeaux de forêts. De cette terre, Robert est « indigène et colon », tenancier libre. Et l'hagiographe ajoute : « fils de prêtre, issu de générations de prêtres ». Rien que de normal en ce milieu du XIe siècle. Si les moines sont tenus par leur vœu de chasteté, l'Eglise n'a guère alors cherché à imposer à ses prêtres séculiers, les curés de paroisse, de vivre dans le célibat. Cas banal au moment de la naissance de Robert mais qui ne l'est plus, officiellement du moins, lorsque Baudri rédige son récit vers 1117. Et l'on sent sa gêne. Des parents, Damalioch et Orguende, il nous dit les noms mais n'ajoute pas un mot pour vanter les mérites. Ce silence prend sa valeur au regard de la tradition hagiographique et de ses lieux communs. Les parents sont toujours de grande noblesse, et plus nobles encore de cœur que de race. Le héros est d'emblée et saint et « généreux ». Doublement prédestiné, il ne se donne que la peine de naître. Robert n'a pas ces dons au berceau. Sa sainteté est tout entière à conquérir. Il se souviendra encore au seuil de sa mort « être né d'un petit vieux et d'une pauvresse ». Car dans ce village d'Arbrissel, le pasteur ne se distingue guère de son troupeau ; comme lui rivé à la glèbe dont il tire sa subsistance, à peine moins pauvre, à peine plus instruit, ce qui fait très peu ; comme lui soumis au « patron », le seigneur de l'Epine et, au-delà, au puissant seigneur de la Guerche qui tient ce coin de Bretagne sous sa puissance. Robert est expédié vers les villes voisines recueillir le minimum de savoir qui convient au fils du curé. Il va de l'une à l'autre, insatisfait, et Baudri suggère, pour reprendre le vieux calembour, qu'il poursuit ses études sans parvenir à les rejoindre...

Son père mort, Robert prend naturellement sa suite dans cette tenure un peu spéciale qu'est la cure d'Arbrissel. Et tout aussi naturellement, il doit prendre femme.

Aucune source narrative n'indique explicitement l'un et l'autre de ces points. Je les suppose d'abord pour des raisons de bon sens. En 1127, un concile tenu à Nantes défend aux curés de Bretagne de transmettre leurs bénéfices à leurs fils. Un demi-siècle plus tôt, la succession de Damalioch n'a pas dû poser question. Et si son fils à son tour prend femme, c'est que des lignées de ses ancêtres l'ont fait. Même pour ces infimes bénéfices — mais d'autant plus précieux qu'ils sont infimes — on a souci d'assurer sa descendance. Les sources nous ont laissé des indices à l'appui de ce soupçon. Baudri assure que son héros embrasse la chasteté « autant qu'il le pouvait ». Dans l'impeccable florilège de vertus que doit être une *Vie de saint,* la restriction est de taille. Marbode de Rennes insinue qu'en se tenant sans frémir au milieu des femmes, une trentaine d'années plus tard, Robert tente d'expier une faute ancienne, de même nature.

Ecoutons ce témoignage, tiré de la *Vie* d'un compagnon de Robert, Bernard de Tiron ; il nous dispensera de plus amples justifications :

« Or c'était une coutume en ce temps-là dans toute la Normandie que les prêtres prennent publiquement femmes, qu'ils célèbrent leurs noces, procréent fils et filles à qui, par droit héréditaire, ils laissaient leurs églises après leur mort. Ils mariaient leurs filles et, souvent, s'ils n'avaient d'autres possessions, ils les dotaient d'une église. Quand ils prenaient femmes et avant de s'unir à elles, ils juraient en présence des parents qu'ils ne les abandonneraient jamais. Agissant ainsi, ils s'obligeaient par serment à ne jamais cesser d'être fornicateurs, à ne jamais s'approcher du corps et du sang du Christ si ce n'est coupables et indignes et, en s'approchant indignes, à manger et à boire leur propre condamnation. »

La dernière phrase vient d'ailleurs ; elle témoigne d'une autre vision des choses. Celle des prêtres normands est parfaitement cohérente et l'auteur, malgré sa réprobation, a su en conserver la logique. Les cures sont tenues pour des bénéfices héréditaires. Comme les tenures paysannes, ce patrimoine court le risque de s'émietter puisque le partage successoral paraît de rigueur au sein des familles ; pratique différente de la morale lignagère des grands, qui cherchent alors à conserver tout le bien dans les mains d'un seul fils. L'union des époux, en revanche, se célèbre de la même manière dans tous les états de la société. Car au cœur du texte, il s'agit bien d'épousailles, en bonne et due forme, publiquement célébrées avec serment de fidélité, fondées sur l'accord des parties, le consentement mutuel ; précisons : le consentement de l'homme et de la famille de la femme.

Robert doit embrasser cet ordre au moment où il vacille sur ses bases. Mais s'il concilie sans doute peu de temps l'état conjugal et le sacerdoce, c'est pour d'autres raisons. Sur son lit de mort, il s'accuse d'être « tombé en péché de simonie dans l'ordination d'un évêque de Rennes ». La simonie consiste à mêler l'argent à la religion. C'est en particulier la vente des sacrements ou le trafic des charges ecclésiastiques. L'historien J.-M. Bienvenu a estimé que Robert avait ainsi fauté en 1076, lors de l'élection au siège épiscopal de Sylvestre de la Guerche. Il fallait fermer les yeux sur quelques broutilles pour faire de ce personnage un prélat : il était homme d'épée, illettré et n'avait pas reçu la prêtrise. Mais la paroisse d'Arbrissel était sous son pouvoir éminent. Robert était son client. Ces liens l'obligeaient à œuvrer en sa faveur. En 1078, le légat du pape Grégoire VII dépose le curieux évêque. Robert, suppose l'historien, dut alors s'enfuir de Bretagne, éclaboussé par l'opprobre de son patron.

∴

Le voici à Paris ; il y reprend ses études. L'Université qui allait faire la gloire de la ville n'existait pas encore, tant s'en faut, mais les écoles bourdonnaient déjà dans l'Ile de la Cité. Robert arrive à Paris simoniaque et sans doute nicolaïte. (Ce mot d'Eglise désigne les clercs qui vivent dans le « péché de la chair ». Si notre héros est nicolaïte, c'est comme Monsieur Jourdain fait de la prose, sans le savoir.) Lorsqu'il repart de Paris, il est devenu l'ennemi acharné de l'une et l'autre pratiques. Baudri dit peu de ce séjour, si ce n'est que le zèle de Robert pour l'étude et la sévérité de ses mœurs allaient croissant. Mais comme pour marquer l'importance du moment, pour la première fois, il livre un repère de temps : sous le règne de Philippe Ier (1060-1108 par conséquent) et sous le pontificat de Grégoire VII (1073-1085) ; « nous disons cela afin d'indiquer clairement à quelle époque Robert grandit et étudia ». La référence à Grégoire VII est plus qu'une simple notation de temps. Elle est l'indice de l'état d'esprit dans lequel doit baigner l'étudiant prolongé. Dans l'enseignement des maîtres, les disputes entre condisciples, les sermons entendus de-ci de-là, la réforme ecclésiale en cours occupe à coup sûr une place de choix.

Depuis l'aube du XIe siècle, un courant réformateur de

plus en plus puissant travaille la Chrétienté. A ceux qui veulent régénérer l'Eglise, deux pratiques paraissent particulièrement inacceptables : la mainmise de l'aristocratie laïque sur les biens et les charges ecclésiastiques et le concubinage ou l'incontinence des clercs. La tutelle des seigneurs bretons sur la cure d'Arbrissel et le mariage en bonne et due forme des prêtres normands — ce sont les réformateurs qui parlent de concubinage — fournissent deux exemples de cet état de fait ; il affecte l'institution de la base au sommet. En 1073, l'archidiacre Hildebrand, qui de longue date anime le courant novateur, est élu pape sous le nom de Grégoire VII. Dès l'année suivante, le synode romain proclame la déchéance des clercs simoniaques ou nicolaïtes et invite les fidèles à déserter les églises des prêtres réfractaires. Les légats du pape tentent de faire appliquer ces canons en tous lieux ; non sans mal. Le synode de Paris de 1074 refuse le célibat des prêtres qu'il juge contraire à la raison et à la nature humaine. Il faut un instant imaginer notre étudiant breton tombant au milieu de ces débats, comme de la lune...

« Oui, j'ai été conçu dans les iniquités, nourri dans les péchés et par ma faute, j'ai péché d'innombrables manières. » Faut-il prendre cette ultime confession de Robert, rapportée par le frère André, pour le suprême geste d'humilité d'un esprit serein ? Ou faut-il la prendre à la lettre ? Ce prêtre simoniaque, concubinaire, se sent l'envers d'un saint. Au lieu de la conception quasi immaculée des héros de légende, il a été marqué dès sa genèse du sceau du péché. S'il faut prendre cet aveu au pied de la lettre, c'est que les témoignages des deux *Vies*, sur ce point, se recoupent. Baudri tâtonne pour dire ce tourment : « En lui était une sorte de conflit intérieur, un rugissement de l'esprit, un râle des entrailles, qu'on peut juger inhumain et impie ; nul remède ne pouvait y être apporté et beaucoup murmuraient que cela était excessif, au-dessus de notre misérable faiblesse. » Et plus tard encore, au temps de la splendeur de Fontevraud, au temps de la réussite et de la célébrité : « Alors qu'on le croyait tranquille dans la foule, le maître était seul, tout entier dans l'angoisse. » Je crois d'autant plus à ce tourment qu'il est, à cette époque, presque anachronique à force de modernité. Ce que nous appellerions la psychologie des personnages éclate, dans les textes contemporains, en représentations à grand spectacle. On n'est pas, par exemple, partagé entre deux sentiments contraires : on assiste, passif, à la lutte entre une troupe de démons et une légion d'anges. De sa « psychologie », on est le propre spectateur, car elle est psychomachie. L'âme est un terrain de manœuvre pour des forces qui, de loin, dépassent l'individu. Aussi lorsque Baudri parle de conflit interne, d'angoisse, en un mot, d'intériorité, ses propos sonnent vrais, parce qu'ils détonnent sur l'air du temps. Et sa plume hésite : « *quidam singultus* », un hoquet, un sanglot, un râle. A grand-peine, le vocabulaire de la psychologie s'extrait de la matière.

Le sentiment de culpabilité est d'autant plus vif chez Robert qu'il vient tard. C'est passé la trentaine que le prêtre breton se découvre pécheur d'une faute qu'il ne soupçonnait pas et dans laquelle il est englué ; pis, dans laquelle il a été conçu. Ce qui se traduit ici en une question morale interne, met en jeu beaucoup plus qu'une crise de conscience individuelle. Dans l'esprit de Robert s'affrontent deux cultures, deux manières d'être : celle qui fut sans doute le lot de générations de curés de paroisse et celle que l'Eglise tente d'imposer en ce dernier quart du XIe siècle. Cette acculturation ne se fait ni sans heurt, ni sans mal. Le vieil homme se renie et prend en horreur ce qui, jusque-là, lui paraissait l'état ordinaire des choses. De ce choc d'univers moraux, l'âme de Robert garde la fêlure. D'elle procède la quête qu'il entreprend maintenant.

∴

Il n'est plus zélé prosélyte qu'un converti de fraîche date. Robert doit brûler d'étendre la réforme au plus grand nombre. Voici que l'évêque de Rennes lui en fournit l'occasion. Cet évêque n'est autre que Sylvestre de la Guerche, rétabli sur le siège dont il avait été déposé. L'homme est toujours inculte, Baudri ne le cache pas. Mais lui aussi a été touché des exigences grégoriennes sous le coup desquelles il était d'abord tombé ; curieuse coïncidence entre deux cheminements, signe de la révolution mentale qui s'opère en cette fin du XIe siècle. Pour relever l'église de Rennes, Sylvestre cherche autour de lui des clercs instruits. Entendant vanter les mérites de Robert, il serait venu à Paris pour le prier de l'aider dans sa tâche. Si cet épisode rapporté par Baudri est exact, il en dit long sur le désert intellectuel qu'était alors la péninsule bretonne. Robert accepte. Il aidera Sylvestre à redresser la sainte Eglise de Rennes, sa mère. Au-delà du programme qui les réunit, d'autres liens ont joué sans doute. Robert reste l'homme de son patron. Il ne peut lui refuser son aide.

Quatre ans durant, il est son archiprêtre. En fait, il

dirige le diocèse. Le vieux briscard, plein de bonnes intentions mais nettement dépassé par la situation, a laissé les rênes au clerc frotté de culture parisienne : « Il protégeait en tout fidèlement son évêque car l'évêque, bien que son patron, ne dédaignait pas sa protection. » L'action de Robert est dans le droit fil du courant grégorien : « Libérer les églises de l'infâme servitude des laïcs, réprimer les copulations incestueuses des prêtres et des laïcs. » Car l'Eglise tente non seulement de contraindre ses clercs au célibat, mais aussi, multipliant les prohibitions, d'étendre la notion de mariage incestueux à l'extrême et de supprimer la polygamie jusqu'alors en vigueur, en particulier dans les milieux aristocratiques. Vaste programme, propre à se faire d'innombrables ennemis.

Les heurts sont souvent d'une violence inouïe entre réformateurs et tenants de l'ordre ancien. En 1114, Pierre, évêque de Poitiers, excommunie Guillaume, VIIe comte de Poitou, IXe duc d'Aquitaine, qu'on surnommera « le Troubadour ». Ce prince s'affiche avec sa concubine, la Maubergeonne, vicomtesse de Châtellerault, délaissant le lit de la seule épouse légitime que lui reconnaisse l'Eglise. Est-ce pour cela que Pierre le condamne ? Nous n'en sommes pas sûrs, mais lorsque Girard d'Angoulême, légat du pape, renouvelle la sanction, c'est bien pour cette raison. Girard s'en tire à bon compte. Guillaume se contente de railler sa calvitie : « Le peigne frisera tes cheveux rebelles avant que je répudie la comtesse. » Pierre de Poitiers est moins doucement traité lors de la première excommunication. Laissons le chroniqueur Guillaume de Malmesbury nous raconter la scène :

« Comme Pierre, le très saint évêque de Poitiers admonestait très librement [Guillaume] et, devant son obstination, commençait à l'excommunier publiquement, celui-ci, emporté par la fureur, saisit les cheveux du prélat et, tirant l'épée, s'écrie : “ Tu vas mourir, si tu ne m'absous ! ” Mais alors l'évêque, simulant d'abord la terreur pour obtenir une trêve de paroles, prononça ensuite avec assurance la fin de la formule d'excommunication : il suspendait le comte de la Chrétienté, afin qu'il n'ose manger ou même parler avec quiconque, à moins d'un repentir immédiat. Son office ainsi accompli à ce qu'il lui semblait, avide du trophée du martyre, il tendit le cou : “ Frappe, dit-il, frappe ! ” Mais Guillaume, s'étant ressaisi, retrouve son humour ordinaire pour dire : “ Je te hais tellement que je ne t'honorerai pas de ma haine et que tu n'entreras jamais au ciel par ma main. ” »

C'est en effet pour mieux faire durer le supplice du prélat que Guillaume l'épargne. Pierre meurt le 4 avril 1115, des mauvais traitements subis dans la prison et de l'exil que lui impose le comte.

Les guerriers sont les plus violents adversaires des réformateurs. La violence est leur manière d'être. Mais les clercs ne sont pas en reste. Bernard de Tiron l'apprend à ses dépens lorsqu'il s'attaque aux coutumes matrimoniales des prêtres normands que nous évoquions plus haut. Son biographe nous dit qu' « il en délivrera certains mais il ne put tirer de ce gouffre de mort la plupart d'entre eux ». Compte tenu de l'ordinaire enjolivement hagiographique, cela doit faire très peu de sauvés. Bien plus, les récalcitrants se défendent, cherchent à l'effrayer, lui tendent des embûches. Les plus redoutables adversaires sont les femmes, craignant d'être séparées de leur prêtre de mari, et qui cherchent à faire périr l'intrus. On les comprend. La répudiation pour elles, encombrées d'enfants, serait la fin de tout. Malheur à la femme qui vit à cette époque hors du pouvoir d'un homme, père, frère ou mari ! Bernard prêche à Coutances ; et voici qu' « un archidiacre, ayant femme et enfants, accompagné d'une grande suite de prêtres et de clercs » l'entoure. La scène se déroule au siège épiscopal du diocèse et les clercs assemblés là pour célébrer la Pentecôte sont si nombreux que l'église-cathédrale peut à peine les contenir. Cet archidiacre est, comme Robert à Rennes, le bras droit de l'évêque et c'est tout le clergé séculier bas-normand qui parle par sa bouche : pourquoi Bernard qui est moine et mort au monde prêche-t-il aux vivants ? Car le prédicateur est fils de saint Benoît. Conflit exemplaire, qui pose la question de fond : pourquoi les moines veulent-ils imposer aux autres clercs, ceux qui vivent dans le siècle, un ordre qui n'est pas le leur ; un ordre qui est bon sans doute pour ces reclus, ces « morts-au-monde » déjà dans la lumière céleste, mais qui révolte les « vivants » dans toutes les fibres de leur chair. Bernard, acculé, se lance dans un long et filandreux discours : Samson a repoussé ses ennemis avec la mâchoire d'un âne mort ; de même le Christ repousse le mal par un prédicateur mort au monde, robuste mandibule qui broie « la coque de l'Ecriture pour séparer le sens allégorique du sens tropologique, pour dissocier le sens tropologique du sens anagogique ». Il fallait l'inventer. L'archidiacre est-il convaincu ? C'est ce que veut nous faire accroire l'hagiographe. Toujours est-il qu'il calme ses troupes — il ne faut pas oublier de calmer les femmes — et évite ainsi à Bernard d'être étripé. Jusqu'à ce dernier trait est révélateur : Bernard n'a pas à faire à un petit groupe d'excités, de marginaux ; l'archidiacre agit d'autorité et le clergé séculier diocésain s'est levé derrière lui en bon ordre, car c'est un ordre qu'il défend.

Au bout de quatre ans Sylvestre meurt. La haine des clercs bretons peut enfin se déchaîner contre Robert. Sans demander son reste, il s'enfuit à Angers. Le vieux monde craque mais résiste encore bien.

Robert n'a pas réussi à communiquer à autrui sa volonté de perfection. Il lui reste à expier sa propre faute. A Angers, où il doit arriver en 1093, il reprend une fois de plus ses études. Mais lectures et prières sont avant tout l'antidote de l'*otium,* cette paresse où l'Ennemi prend plus facilement pied, au gré d'une rêverie vagabonde ; l'Ennemi, c'est-à-dire « les charmes de la chair ». Pour en mater les élans, Robert deux ans durant s'enferme dans une cuirasse. Au début du siècle, dans les vallées sauvages des Apennins, Dominique l'Encuirassé, zélé disciple de Pierre Damien, a lancé la mode de ce vêtement de fer. L'âme est dans la prison du corps ; on espère la libérer en emprisonnant à son tour ce corps qu'on veut réduire à merci. On pense à lui plus que jamais. Les plaques, au moindre mouvement, cisaillent les membres, le tronc, de leurs arêtes vives. Par-dessus cet instrument de torture, Robert porte des vêtements délicats. Dieu seul connaît son mérite. Cette discrétion dure deux ans. « Un jour arriva où, renonçant au monde, il se rendit au désert longtemps désiré. »

∴

Robert d'Arbrissel est resté dans les mémoires sous les traits d'un ermite. Ce départ vers l'*eremum,* le désert, est donc un grand moment de sa vie. C'est ce qu'on appelle à l'époque une « conversion » ; non qu'il s'agisse, comme on l'entendrait aujourd'hui de l'entrée dans une religion jusque-là étrangère. Mais c'est un tournant ; plus, un retournement, une révolution personnelle. On datera volontiers tel événement de la vie d'un saint de la cinquième ou dixième année de sa conversion. L'esprit débarrassé des bagatelles du monde, le converti espère n'être plus habité que par Dieu. Moment d'exception, c'est en même temps un mouvement ordinaire. Il n'est pour ainsi dire pas de *Vita* qui ne comporte ce départ vers le désert ou son substitut. Baudri annonce d'ailleurs la décision de son héros comme banale, attendue, inéluctable.

L'origine de cette tradition vient évidemment d'Orient, où le désert est plus qu'un rêve : chaos rocheux qui borde la mer Rouge, étendues de nitre de la Basse Egypte, « mer minérale et blanche dont la croûte figée est insensible aux vents et, à en croire Jacques Lacarrière, résonne par endroits sous les pas comme un dôme de cristal ». En ces lieux farouches, au IVe siècle de notre ère, des anachorètes sont partis chercher Dieu : Antoine, Paul de Thèbes, Pacôme, les deux Macaire... Comme s'ils portaient en eux le regret du martyre désormais impossible dans l'empire christianisé, ils vont de leur propre chef au-devant de l'insupportable. Leur exemple fait tache. Jérôme, docteur de l'Eglise, traducteur de la *Vulgate,* fasciné par les Pères d'Egypte, rédige la *Vie de Paul de Thèbes* tandis qu'il s'est lui-même retiré au désert de Calchis. Jean Cassien, avant de devenir évêque de Marseille, fixe dans ses *Conférences* les propos des Anciens dont il a partagé la vie plus de dix ans. Martin, évangélisateur des Gaules, Benoît, père des moines d'Occident, pour ne parler que des plus célèbres, ont tous, qu'elle soit brève ou longue, leur traversée du désert.

L'Irlande se fait un temps le conservatoire de cet idéal. Certains ont cru que, par le biais de la culture celtique, l'ouest de la France avait été infiltré des traditions irlandaises. C'est fort peu probable. Aucune des *Vies* des ermites contemporains de Robert ne fait référence aux compatriotes de saint Patrick, alors que l'exemple de la Thébaïde est toujours présent à leur esprit. Il faut dire que les Pères d'Orient ont eu un exceptionnel succès littéraire ; et l'écrit peut transmettre une influence sur des siècles et d'un bout à l'autre du monde, tandis que, de bouche à oreille, tout s'ensable ou s'évapore. Les récits quelque peu hétéroclites des austérités de l'Egypte, de la Syrie ou de la Palestine (*Vies* individualisées des plus grands saints, recueil des *Sentences* des anachorètes, rapports des voyageurs comme Pallade, Rufin ou Cassien) circulent en somme ou en morceaux choisis, en des manuscrits latins bien sûr, dans tout l'Occident. Dans les monastères, les écoles, c'est souvent une lecture de table, propre à distraire les esprits par son merveilleux, mais propre aussi à réfréner les appétits immodérés. Le moins instruit des moines en a la tête farcie.

L'idéal érémitique, jamais éteint, a repris une vigueur nouvelle aux abords de l'an mil. Romuald, à la charnière des Xᵉ et XIᵉ siècles, redécouvre les joies du désert. Il appartient à la grande aristocratie, par la famille des Honesti, ducs de Ravenne. Comme ses pairs, son adolescence se passe entre les plaisirs violents de la chasse et du combat. Mais lorsque, pourchassant une bête, il se trouve dans la solitude d'une forêt : « Heureux les anciens ermites qui choisissaient de telles retraites pour demeure », soupire-t-il. Sous ses yeux, son père tue un adversaire en duel. Pour expier ce crime dont il se sent coupable, Romuald fait une première retraite dans un monastère. Puis il y demande l'habit. Cherchant toujours plus loin la perfection de vie, le voici religieux à Saint-Michel-de-Cuxa. De là, il s'enfonce dans une solitude voisine. Il y reste trois ans ; se nourrissant exclusivement de pois chiches pendant un an, puis ne s'alimentant plus que le dimanche, abreuvé des *Vies des Pères,* accablé par le démon. Il retourne en Italie et, partout, y essaime des fondations monastiques. Enfin en 1012, il fonde l'ordre des Camaldules, au cœur des Apennins, et y applique la Règle dont il rêvait. Les ermites ne quittent leur cellule que pour l'office, mais les reclus n'en sortent jamais. Le silence et le jeûne atteignent des limites extrêmes : on ne se parle pas pendant les deux carêmes ; en dehors du jeudi et du dimanche où l'on tente de se rassasier de légumes, on est au pain et à l'eau. La fondation de Romuald, loin de s'écarter de son idéal, l'accomplit : « convertir le monde entier au désert ». Pierre Damien, auteur de la *Vie de Romuald,* est élevé à cette rude école dans le monastère de Fonte-Avellana, copie de Camaldoli. En 1043, il en devient prieur. Sa renommée est telle qu'on ne cesse de faire appel à lui dans tous les conflits qui déchirent alors la Chrétienté. Obligé d'accepter la dignité cardinalice sous peine d'excommunication, Pierre ne rêve que de revenir à sa solitude de Fonte-Avellana. Mais le monde, sans cesse, le reprend. Inlassablement, il défend la cause de la réforme de l'Eglise. Il est de ceux qui ont préparé la voie à Grégoire VII. Mais dès qu'il le peut, il retrouve sa cellule et, loin des honneurs du monde, il mange son pain dans le plat qui sert à laver les pieds des pauvres.

On dit parfois que ce regain de l'érémitisme est dû à l'essor des villes en Occident et que la fuite du monde serait une fuite loin des naissantes Babylones. C'est sûrement vrai au départ en Italie, moins évident ensuite en d'autres contrées. L'histoire du sentiment religieux se développe alors selon sa logique propre. La permanence, c'est le lien entre cette désertion du monde et les idéaux de perfection de la réforme ecclésiale. Dans l'ouest de la France, le mouvement, un peu plus tardif, suit le temps fort de l'action grégorienne et accompagne la prédication de la première Croisade. Guillaume Firmat ouvre la voie dans le Maine, puis c'est une floraison : Vital de Savigny, Raoul de la Fûtaie, Bernard de Tiron, Hervé de la Trinité, Alleaume d'Etival ; plus au sud, Pierre de l'Etoile, Etienne de Muret, Giraud de Sales.

∴

Qui part loin du monde joue sa vie aux dés. Il peut tout gagner ou tout perdre. Foin des demi-mesures de la vie ordinaire. Ce sera Dieu ou le Diable ; avant la contemplation, la tentation. L'exemple évangélique de ces retraites est en effet fourni par l'épisode de la Tentation au désert. Après quarante jours de jeûne, le Christ est à trois reprises pressé par le Diable. Il triomphe. Mais qui peut prétendre avoir Sa force pour l'emporter sur le Prince des Ténèbres ? Les plus grands, Antoine, Romuald, parfois appellent désespérément au secours sous les coups de boutoir de l'Ennemi. Tout aussi classiques que les départs sont donc les mises en garde. Benoît, dans sa *Règle*, définit les conditions que doivent remplir les ermites : « Ceux qui n'ont plus dans la vie régulière une ferveur de novice et qui, par un entraînement prolongé au monastère, ont appris à lutter contre le Démon et se sont aguerris grâce au soutien de leurs frères. Alors, bien exercés, ils passent du bataillon fraternel au combat singulier du désert. Solides maintenant sans le soutien d'autrui, ils se suffisent pour combattre, Dieu aidant, par leur seule main et leur seul bras, contre les vices de la chair et des pensées. » Dans deux lettres adressées à un ermite Robert, qui est sans doute le nôtre, le grand Yves de Chartres redit les mêmes précautions et les mêmes inquiétudes :

« Prends bien garde, avec l'aide de la divine clémence, que l'esprit immonde, revenant vers toi, ne trouve la maison qu'il a abandonnée vide à l'intérieur et ornée à l'extérieur et qu'il n'introduise avec lui les sept autres mauvais esprits déguisés en vertus et qu'ainsi il ne rende ton nouveau mode de vie pire que le précédent. C'est pourquoi, pour lutter contre les esprits mauvais, si tu veux combattre en sûreté, range-toi dans le camp des soldats du Christ, en bon ordre de bataille. Car si tu t'efforces de lutter en combat singulier, inexpérimenté contre des ennemis exercés, tu seras écrasé par la multitude innombrable de tes adversaires. Mais lorsque, armé par l'esprit de sagesse et de force, tu auras l'habitude de déjouer les pièges de l'antique Ennemi, alors, rompu au combat spirituel, tu pourras seul, si l'occasion s'en offre, entrer en lutte contre tous les ennemis possibles dont tu auras appris à soutenir les assauts dans la ligne de bataille. C'est dans ce but que Notre-Seigneur Jésus-Christ a averti ses disciples qui n'ont pas encore la confirmation du Saint-Esprit et l'entraînement du combat spirituel, en disant : “ Quant à vous, restez dans la cité jusqu'à ce que vous receviez la vertu d'en haut. ” »

Le dicton populaire résume rudement ces beaux discours : « A jeune ermite, vieux diable. »

Le désert est avant tout un espace spirituel, l'espace du tout ou rien. On découvrira que l'*eremum* de Robert et de ses compagnons n'a rien ni d'aride, ni de vide. Mais ce n'est pas cela qui importe ; au point que Baudri, qui jusque-là avait systématiquement indiqué tous les lieux traversés par son héros, ne localise pas cette nouvelle étape. C'est un *non-lieu.* A en croire Yves de Chartres, dans une des lettres évoquées à l'instant, Robert se serait réfugié « sur les rocs des montagnes ». On chercherait en vain ces sommets sur la carte de nos paisibles provinces de l'Ouest. Ils ne sont que l'envers de notre « vallée de larmes », le symbole de l'élévation de l'âme vers Dieu. Plus qu'un symbole. Les hommes de ce temps voient le monde, ce que nous appelons la réalité, dans le prisme des Universaux, des Idées platoniciennes. Les bas-fonds boisés qu'affectionnent les ermites occidentaux sont les pâles reflets d'une Idée qui seule compte : en vérité, ils sont les escarpements qui dominent la mer Rouge et les degrés de l'échelle de Jacob.

Pour nous, c'est trop ou trop peu. Nous aimons situer et dater, comme si cela un instant retenait ce temps à jamais enfui. Au printemps 1095, Robert d'Arbrissel arrive en forêt de Craon, à la limite de l'Anjou et de la Bretagne.

∴

En Occident, les déserts des anachorètes sont boisés. Un vieux texte irlandais distingue, entre le martyre blanc du simple renoncement et le martyre rouge des supplices et de la mort, le martyre vert des mortifications et des pénitences ; vert comme les frondaisons. Devenu « compagnon des bêtes sauvages », Robert « s'impose des traitements inhumains » et « s'exténue de coups cruels ». Voici son programme : « Porter un cilice de poils de porc, se raser la barbe sans eau, ne connaître d'autre lit que le sol, ignorer le vin ou les nourritures raffinées ou grasses, prendre rarement un court sommeil. » On est presque déçu. Le traitement est austère, certes, mais sans exagération, bien en deçà du régime des champions de la Thébaïde, à peine plus dur sans doute que la vie des paysans du temps. Mais Baudri comprend bien que cette ascèse voyante, comme les vêtements délicats de l'étudiant angevin, cache un supplice plus grave : c'est le « conflit intérieur », « le râle des entrailles » qui pousse Robert à « se conduire en ennemi obstiné et injuste de lui-même ».

Pour les autres, il est au contraire « doux et mesuré ». Car ce désert est non seulement bien vert, mais terriblement peuplé. La forêt médiévale n'est jamais vide d'hommes. Elle leur fournit un trop précieux complément de ressources pour qu'ils la dédaignent. Porchers, pêcheurs, sergents du seigneur, bûcherons la quadrillent. Tout un chacun s'y rend pour le bois, la glandée, la cueillette. Les défricheurs la grignotent en lisière, lentement mais sûrement. A la limite des quatre provinces — Normandie, Bretagne, Maine, Anjou —, les forêts-frontières du Mortainais, de l'Avranchin, de Fougères, de Mayenne, de Craon connaissent en cette fin du XIe siècle une vogue particulière. Les prétendus solitaires se succèdent ou se croisent sur les mêmes lieux : Bernard de Tiron prend la relève de Guillaume Firmat à Fontaine-Géhard et à Savigny, qu'il doit finalement quitter pour céder la place à Vital et à ses disciples : ce désert-là était trop plein ! A l'ordinaire, on ne se fuit pas, bien au contraire. La *Vie de Vital de Savigny* témoigne de ce réseau érémitique : « Il recevait fréquemment la visite des hommes les plus illustres et les plus honorables de cette époque, le seigneur Robert d'Arbrissel, fondateur du monastère de Fontevraud, le seigneur Bernard de Tiron et d'autres ermites très célèbres. Se réunissant à Dampierre, à l'exemple des anciens Pères [l'Egypte, encore et toujours], en de très fréquentes conférences ils dissertaient sur le statut de la sainte Eglise [de nouveau la réforme] et sur le bien des âmes. »

La très riche *Vie de Bernard de Tiron* satisfait mieux encore notre curiosité : « Il y avait aux confins du Maine et de la Bretagne de vastes solitudes qui, en ce temps, telle une seconde Egypte, fleurissaient d'une multitude d'ermites logeant dans des cellules dispersées. » Sous la conduite de Pierre de l'Etoile, Bernard, échappé d'un monastère bénédictin, vient solliciter son admission au désert. Vital de Savigny, l'un des princes de cette étrange communauté, réunit un concile d'anachorètes. Bernard est accepté d'enthousiasme et chacun, pour s'adjoindre ce nouveau compagnon, propose sa case. Il décide de visiter toutes ces cellules disséminées de par la forêt avant d'en élire une. Son choix se porte sur une cabane construite dans les ruines d'une ancienne chapelle. Son occupant, le frère Pierre, ne sait pas cultiver le sol mais vit du métier de tourneur, ce qui suppose toute une économie d'échanges. De se voir ainsi distingué, « il danse de joie et nargue ses compagnons ». Puis il improvise un repas : « Vite, il attrape ses paniers et pénètre dans la forêt qui s'étend tout autour de sa clairière. Sans hésiter, il écarte les épines et les ronces, il dépouille de leurs fruits coudriers et autres essences forestières. Et alors qu'il amoncelle des fruits de toutes sortes dans ses corbeilles, dans le creux d'un arbre il trouve un essaim d'abeilles gorgé de cire et de miel. » Il y ajoute une pâte faite de feuilles d'arbres. L'hagiographe conclut : « C'eût été un opulent banquet s'il n'avait manqué le pain, élément le plus noble d'un festin. » Curieux solitaires, curieux ascètes ; en marge de la société établie, ils mènent une vie champêtre, mélange de convivialité et d'indépendance. Car ils sont extrêmement libres, en ces endroits où les mailles du féodalisme sont plus lâches ; et cela vaut bien de ne saler sa bouillie d'herbes que le dimanche.

∴

En plus de la compagnie de ses confrères, l'ermite est homme de rencontres. Son abri sommaire sert d'étape au voyageur égaré. Toute la littérature médiévale témoigne de cette fonction d'accueil. Mais en ces contrées de l'Ouest, à la fin du XIe siècle, ce sont des foules entières qui affluent vers les anachorètes, pour les consulter, les voir, les entendre. Ils remplissent d'abord un rôle d'oracle. Leur don de pénétration leur permet de percer en un éclair les intentions du consultant, bonnes ou mauvaises, et de lui indiquer le droit chemin. Une pauvre femme apporte trois œufs à Guillaume Firmat — les œufs, une des bases de l'alimentation médiévale ; on en mange en ce temps des quantités à faire peur — : « Reprends ces dons, ma fille, que tu nous offres à tort puisque ces œufs ne sont ni à toi ni à moi. » Elle s'obstine : « J'ai pris sur mon indigence ce que j'ai pu pour faire une petite offrande à votre sainteté. » Posés à terre, les œufs se transforment en grenouilles. « Va, lui dit le saint, et rends à ta voisine ce qui lui appartient » ; ce qui fut fait, les œufs ayant fort heureusement repris leur apparence première.

On vient simplement pour voir ces hommes de Dieu. Leur tenue, tout à la fois excentrique et conventionnelle, les désigne à l'attention : bure grossière, effrangée, trop courte, découvrant des genoux caleux et des jambes nues ; barbe et cheveux hirsutes. Les voir, mieux encore, les toucher, c'est s'associer un peu au profit de leur ascèse. Ce corps, d'autant plus précieux qu'il est volontairement déprécié, a un pouvoir magique. Il a souffert plus que de mesure. Il y a en lui de l'expiation pour plusieurs ; et donc, du bienfait. On ne repart pas comme on est venu. De ce déplacement on attend, comme des petites offrandes qu'on apporte, une repartie, un contre-don.

Robert, on vient en plus pour l'entendre. Ses hagiographes ne sont pas les seuls à vanter « sa divine éloquence ». De nombreuses chartes célèbrent le tonnerre de sa voix et Abélard lui-même a chanté son talent. Robert est conscient de ce don. Au seuil de la mort, il en remercie Dieu. Quelques jours auparavant, les moines de l'abbaye de Déols, pourtant en différend avec Fontevraud, l'ont imploré de prêcher pour eux. Robert fait plus que de délivrer un message, il possède un art. On le réclame comme un virtuose. Nous étudierons par la suite l'un de ses rares sermons qui nous soient parvenus. Mais le charme de la voix et du corps, nous ne pourrons quant à lui le restituer. Un charme au sens fort, un envoûtement auquel les femmes ne sont pas les moins sensibles. En ses débuts de prédicateur, Robert délivre sans doute un message aussi terrible que le tonnerre de sa voix, aussi rude que ses haillons de bure. Il appelle à la pénitence et ne ménage pas ses effets. Un historien du XVIIe siècle nous a transmis ce témoignage, malheureusement sans nous en révéler l'origine : « Pour ce qu'il parloit souvent, pour inculquer quelque terreur dans l'esprit des pécheurs, qui ceux-là qui ne garderoient les commandemens de Dieu tomberoient dans le gouffre d'enfer ; ses haineux, pour se moquer de lui, l'appeloient le Gouffre d'enfer. » Baudri complète ce témoignage : « On le voyait invectiver les pécheurs dans ses sermons, mais il consolait d'une affection paternelle ceux qui renonçaient au péché. » Car nombre de ceux qui affluent vers lui, se frappent la poitrine à l'entendre et décident de faire le bien. A leur tour, les voilà convertis. Tel est le contre-don spirituel qui récompense leur venue ; et « certains d'entre eux étaient venus de loin ».

Erémitisme et prédication sont, d'un certain point de vue, complémentaires. L'ascèse personnelle de l'ermite fonde son droit à appeler les autres à la pénitence. Mais surtout, le prédicateur accomplit ainsi la mission des soixante-douze disciples que rapporte l'*Evangile* de Luc : « N'emportez pas de bourse, pas de besace, pas de chaussures et ne saluez personne en chemin... Dans toute ville où vous entrerez et où l'on vous accueillera, mangez ce qui vous sera servi. » Robert, à en croire le frère André, accomplit exactement ces préceptes : « Toujours porter la haire et nudz piedz aller prescher la parolle de Dieu et se contanter seulement de ce que ses auditeurs luy eussent ministré pour prendre ce a quoy nature extremement l'eust contrainct. » Dès son départ au désert, il a pris soin de partir avec un autre prêtre. Il s'agit là encore de suivre à la lettre la mission énoncée en saint Luc, puisque c'est par deux que les disciples doivent sillonner le monde ; et cela suffit pour que la plupart des saints partent vers la retraite ou vers l'errance flanqués d'un compagnon. Dans les alentours de Craon, Robert concilie donc un temps les deux activités : « De jour s'efforçoyt semer le verbe divin et de nuyct se retiroyt au desert prier Dieu. »

Erémitisme et prédication sont, à d'autres égards, inconciliables. Si certains des pénitents rentrent chez eux consolés et amendés, d'autres ne peuvent se détacher du maître. « Il aurait volontiers fui de telles foules et se serait caché seul s'il n'avait pas craint d'encourir une faute pour cela. » Robert sait en effet qu'il ne faut repousser personne. C'en est fini du désert. Jusqu'à sa mort, il regrettera la solitude, le face-à-face avec Dieu. Embarrassé de son succès, il se doit à ces gens qui voient en lui leur salut.

∴

Ils sont ses hommes. Il est leur maître. Son premier devoir, il le sait, est de les nourrir, comme le seigneur se doit de nourrir les hommes qui lui ont engagé leur foi. Les structures de la féodalité sont à ce point prégnantes que ces marginaux, du fond de leur retraite, s'empressent de les reconstituer. Si Robert se décide à fonder une communauté religieuse dans la forêt de Craon, c'est donc, au dire de Baudri, avant tout pour des raisons économiques. Des trois œufs offerts à Guillaume Firmat à la remise de domaines entiers, le don est un des aspects principaux que revêtent les échanges en cette période du Moyen Age. La fondation religieuse va canaliser, amplifier, réguler ce courant d'offrandes. En échange, Robert et les siens offriront leur intercession pour des bienfaits moins tangibles mais extrêmement prisés. Ainsi histoire de la spiritualité et histoire de l'économie, loin d'être l'une à l'autre hermétiques, s'interpénètrent-elles, comme dans ce troc. Le seigneur Renaud de Craon fait le premier don : celui de la terre de la Roë où s'installe la communauté.

Quel statut lui donner ? En cette fin du XIe siècle, en l'espace de quelques années, on assiste à une floraison d'ordres nouveaux ou de réformes. En 1084, saint Bruno fonde la Chartreuse. Il s'est posé à lui le même problème qu'à Robert : concilier l'isolement érémitique et les constitutions des cénobites, c'est-à-dire des moines vivant en communauté. Dans le camp retranché du massif de la Chartreuse, chacun se coupe des autres dans sa cellule : la communauté est une juxtaposition de solitudes. Dans l'ordre fondé par Etienne de Muret puis établi à Grandmont en 1124, l'accent est mis sur la pauvreté. Signe suprême d'humilité, les moines de chœur, lettrés et généralement issus des classes dominantes, obéissent aux convers, les frères lais, rustres attachés d'ordinaire aux plus basses besognes. Le monachisme traditionnel, à savoir l'ordre de saint Benoît, n'est pas à l'abri de ce souffle réformateur. Les fastes de Cluny ne répondent guère aux aspirations de dépouillement qui, en ce temps, se font jour. En 1098, Robert de Molesmes fonde Cîteaux. Saint Bernard va donner, dès les premières décennies du XIIe siècle, un élan considérable à l'ordre cistercien, rameau réformé des Bénédictins. L'innovation au Moyen Age, c'est presque toujours le retour aux sources. On revient donc à la *Règle* de saint Benoît, dans toute son austérité, dans ce dénuement dont l'architecture cistercienne se fait l'impassible miroir.

Floraison sans précédent ; sa diversité témoigne de sa profondeur. Chacun cherche à sa manière à répondre à l'appel qu'il entend. Aussi serait-il erroné et injuste de réduire la réforme dite « grégorienne » à l'action d'un seul individu, fût-il souverain pontife. En tous lieux de la Chrétienté, dans tous les états de la société, la même inquiétude, la même espérance travaillent des âmes. On ne peut que noter la concomitance entre ce mouvement spirituel et l'essor démographique et économique qui secoue l'Europe en ce même XIe siècle. Un peu plus d'aisance générale, mais aussi les inégalités, les tensions liées à la croissance, plus de mobilité, d'échanges, un esprit nouveau d'exploration et de conquête ; tout cela n'est certainement pas sans rapport avec ces mouvements spontanés de réforme, ces aspirations nouvelles, cet « autre front pionnier », selon l'expression de Jacques Le Goff, « celui de la conscience ».

Robert fonde à la Roë une congrégation de chanoines réguliers. Les chanoines ne sont pas des moines, mais des prêtres. Ils s'imposent de suivre l'antique *Règle* de saint Augustin et l'on peut penser que Robert en prône l'interprétation la plus stricte : ascétisme, travail manuel, dénuement. On comprend bien ce choix à la lumière du passé du fondateur. C'est l'occasion de concilier les exigences morales des moines — chasteté, pauvreté, obéissance — et l'apostolat des prêtres séculiers en rayonnant sur les paroisses alentour. *Vita apostolica,* ainsi appelle-t-on ce mode de vie qui lui aussi se réfère à une tradition, la plus haute, celle de la communauté des Apôtres. Comme Robert partagé entre désert et prédication, les chanoines réguliers de la Roë mèneront de front perfectionnement individuel et service des autres. Car à la différence du monachisme classique qui agit indirectement sur le monde, par la prière, la plupart des ordres nouveaux ont ce souci d'œuvrer *hic et nunc* parmi les hommes.

En février 1096, Robert voit la consécration éclatante de son apostolat. Le pape Urbain II, qui vient de lancer l'appel à la Croisade, est à ce moment de passage à Angers. Il est curieux d'entendre Robert, dont la réputation est venue à ses oreilles. Curieux et méfiant : il l'invite à prêcher pour la dédicace de l'église Saint-Nicolas, mais lui enjoint de s'abstenir de propos incongrus ! Robert triomphe de l'épreuve. Le voilà investi d'une très officielle mission de prédication et décoré du beau titre de « *Dei seminiverbum* », semeur du Verbe divin, bavard de Dieu.

C'est la gloire. Les sermons de Robert dans les évêchés voisins lui attirent de telles foules qu'au dire de Baudri, la Roë aurait été submergé si son héros avait seulement accueilli le dixième des demandes.

∴

En un livre qui provoqua quelques remous dans les années cinquante, l'historien est-allemand Ernst Werner a nié que la mission pontificale de Robert fût authentique. Que l'institution ecclésiale demeure prudente à l'égard du prédicateur itinérant, c'est indéniable. Mais l'historien de Leipzig, trop pressé de camper son personnage en défenseur des opprimés contre les grands, a méconnu ce qui fait la cohérence de cet itinéraire, de l'humble cure d'Arbrissel à la consécration du « *seminiverbum* ». A l'origine du mouvement, un déséquilibre : le sentiment de culpabilité qui prend Robert à la gorge lorsqu'il se découvre pécheur, fruit du péché. Cette faute, on lui en apprend le nom : la chair. Il la hait, de toutes ses forces. Il l'étouffe, la brise, du moins le croit-il. Mais cette même ardeur qui le jette contre lui-même le pousse vers les autres. Il veut les entraîner au salut. Il échoue comme archiprêtre. Il réussit par la prédication errante du pénitent. Voici qu'il a trouvé son charisme, le don de Dieu : la toute-puissance du verbe. Lutte contre la simonie, le nicolaïsme, appel à la pénitence, fondation canoniale, tout cela est dans le droit fil de la réforme de l'Eglise. Il était normal qu'Urbain II, ses craintes d'extravagance en partie dissipées, couronne de si méritoires efforts et, surtout, utilise ce talent oratoire au service du redressement de la Chrétienté.

La ronde des lieux nous fournit d'autres indices, plus subtils, de la cohérence du trajet de Robert. Une des figures clefs de l'hagiographie est le retour épiphanique aux lieux originels. La très belle légende de saint Alexis qui se répand vers 1060 dans sa version française, le plus ancien texte littéraire de notre langue, en fournit un parfait exemple. Alexis, fils du noble Euphémien et d'Aglaë, est élevé à Rome. Au jour de ses noces, voulant garder sa virginité, il part en Syrie, pour Edesse. Il y donne tous ses biens et vit d'aumônes, sous le porche d'une église. Ses parents, désespérés, le font rechercher de par le monde ; en vain. Sa vie exemplaire lui attirant trop de gloire, au bout de dix-sept ans, Alexis repart pour Rome et se fait accueillir dans la maison de son père comme pauvre pèlerin. Dix-sept ans durant, il y subit les mauvais traitements et les moqueries des serviteurs. Son père, enfin, a la révélation que l'homme qui vit sous son toit est un saint de Dieu. Il se précipite vers lui ; pour le voir mourir. Dans sa main, un papier, qui résume sa vie et révèle son origine. Fous de douleur, les parents gémissent sur leur aveuglement. Mais l'*incognito* d'Alexis lui vaut la plus haute reconnaissance : la sainteté.

Robert est, par des générations d'ancêtres, enraciné dans son coin de Bretagne ; il en est « indigène ». Lorsqu'il lui faut quitter « les terres de ses pères », c'est comme « un exilé, un fugitif ». Aller à Paris, c'est partir en « France ». Revenir au diocèse de Rennes dont il est « natif », c'est revenir au sein de « sa sainte mère Eglise ». A nouveau exilé à Angers, il en repart bientôt pour Craon. J.-M. Bienvenu a justement fait remarquer que ce terroir d'Anjou est au plus près de la Bretagne. A défaut de pouvoir revenir dans le diocèse de Rennes où son zèle lui a fait trop d'ennemis, Robert campe sur la frontière, à portée de main d'Arbrissel. Lorsque le seigneur Hervé de l'Epine fait don de la paroisse natale à la congrégation de la Roë, la boucle est bouclée. Le fils prodigue n'a pas même à revenir au pays ; son pays vient à lui. L'histoire de Robert d'Arbrissel pourrait s'arrêter là.

3.

L'EPREUVE DU FEU

Il ne songe qu'à partir, pourtant. Se consacrer à cette poignée de chanoines, c'est manquer à la multitude. Partager la vie réglée de ces convertis, c'est tourner le dos aux brebis égarées. A quoi bon prêcher des convaincus ? Baudri de Bourgueil, quelque peu gêné, rend laborieusement compte de cet abandon : il nous précise bien que son héros n'agit qu'avec le conseil de l'évêque d'Angers, la permission de ses compagnons et, au fond, pour obéir à l'ordre d'Urbain II lui enjoignant de prêcher en tous lieux.

Le voilà parti ; non sans larmes de part et d'autre. Dans les quelques lignes où Baudri relate les hésitations de Robert et son envol de la Roë, deux thèmes, curieusement, se mêlent : l'imitation et la liberté. Robert décide « librement » de se mettre en route, pour être « plus libre » de prêcher et aller « sans entrave où il veut avec qui il veut », « sans se fixer en un lieu ». Mais dans le choix de l'errance, Robert se conforme étroitement à des modèles. Allant « sans bâton et sans besace », il est à la ressemblance des soixante-douze disciples ou, mieux, des douze apôtres, envoyés prêcher par leur maître. N'ayant, comme le Fils de l'Homme, « où poser sa tête », il accomplit l'imitation de Jésus-Christ. Entre ces deux thèmes, il n'y a pas réellement de contradiction. Le départ de la Roë n'est ni la manifestation d'une instabilité caractérielle, ni l'expression des poncifs de l'hagiographie. Robert ne conçoit simplement pas de liberté plus grande que de suivre le Christ, pas à pas. Tout de suite, les disciples affluent, vite multitude ; et Robert cherche où les établir « sans éveiller le scandale ».

Par cette discrète allusion, Baudri signale que l'histoire ne se répète pas exactement. Cette fois-ci, Robert est suivi de disciples des deux sexes. S'il y a présomption de scandale, c'est qu'il y a des femmes. Baudri n'en dit pas plus.

∴

Dans sa lettre d'accusation, Marbode de Rennes supplée à la discrétion de l'hagiographe. C'est vers ce document qu'il faut maintenant se tourner. La tentation est grande de créer la continuité sur le discontinu des sources, de trouver une vérité juste-milieu entre des jugements contradictoires. Ce tranquille débit d'eau tiède n'a pourtant guère d'attrait. Si Robert a une chance d'être plus qu'une silhouette, de retrouver une épaisseur qui rappelle l'intensité de la vie, c'est dans le faisceau des regards qui le cernent, en laissant jouer ce que Pierre Toubert appelle « la dialectique des témoignages ». C'est donc au tour de Marbode :

« Un habit abject sur une chair écorchée par le cilice, un capuchon troué, les jambes à demi nues, la barbe hirsute, les cheveux coupés court sur le front, tu t'avances pieds nus dans la foule et tu offres un incroyable spectacle à l'assistance ; on dit que seule te manque une marotte pour avoir l'air d'un fou. »

Il est toujours facile de railler les champions de l'ordre établi. Les fous — ceux d'hier en tout cas — ont volontiers notre sympathie. Mais si nous voulons comprendre Robert d'Arbrissel, l'exhortation que Marbode de Rennes lui adresse entre 1098 et 1100 doit être écoutée de très près. D'abord parce que les deux hommes se connaissent bien. Marbode a fait ses études à l'école du chapitre d'Angers, un de ces établissements tenus par les chanoines qui entourent l'évêque, foyers du renouveau intellectuel. En 1067, il en devient écolâtre. Trente ans durant, il occupe cette charge, dirigeant les études dans le diocèse, lisant et relisant les autorités qu'il cite comme il respire sans négliger les auteurs profanes qu'il tente d'égaler dans ses poèmes, lui qui adresse à ses élèves un traité sur les figures de style. En 1093, chassé de Rennes, Robert se réfugie à Angers. En y reprenant ses études, il se place sous la férule de l'écolâtre, d'une dizaine d'années son aîné. Lorsque ce dernier est promu évêque de Rennes, en 1096, les deux hommes ont sans doute maille à partir dans une élection mouvementée. En lui adressant deux ou trois ans plus tard une longue lettre, la plus étendue de sa correspondance, en même temps qu'il tance Robert, Marbode le consacre comme un des hommes qui comptent dans la Chrétienté ; un point de mire ; un de ceux dont les faux pas mettent en péril tout le troupeau.

Ils se connaissent, se reconnaissent, et ils se comprennent. Certes, leurs choix divergent et rien ne doit moins ressembler aux haillons de l'ermite vagabond que la tenue du prélat, pénétré de la majesté de sa charge. Mais formés à la même école, ils parlent la même langue. Très sûrement, le sage nous mène au fou.

« *Discretio* », tel est le maître mot de Marbode, clef de voûte de son savant édifice rhétorique : discernement, prudence, mesure, raison ; nous tâtonnons pour rendre compte d'une valeur essentielle à la Chrétienté médiévale. Robert y manque triplement.

Par sa tenue, déjà. Non pas que les haillons surprennent vraiment Marbode ou le choquent, et ce pour la bonne raison qu'ils n'ont rien d'original. C'est la livrée du pénitent, celle de Jean Baptiste. Evoquant une autre faute de Robert, son censeur ajoute : « Elle ne convient ni à ta profession, ni à ta pérégrination, ni à tes guenilles. » Il reconnaît donc leur vertu, le code moral qu'elles imposent à qui les revêt. Mais Robert n'en avait pas le droit : il est chanoine et prêtre. Il usurpe un vêtement, et par là un état qui n'est pas le sien. « A chaque profession, à chaque ordre convient un habit particulier et, si on en change, cela offense le jugement public. » Société d'ordres, de castes, épaulée par une pensée qui se complaît dans la classification : au roi sa couronne, au prélat sa mitre, au lépreux sa rouelle, au bouffon sa marotte, au marginal son costume convenu.

A l'usurpation, Robert ajoute l'outrance : « Même dans l'habit vil et humble, il nous faut garder la mesure, donnée par l'autorité du sens commun et de la tradition. » Marbode développe longuement l'idée d'Aristote selon laquelle une vertu est l'équilibre entre deux vices opposés — grâce à la *discretio* atteindre la *moderatio* et la *mediocritas* — : « Parure et crasse doivent être également fuies ; l'une répand les délices et l'autre la gloire. » Ici, l'évêque de Rennes fait plus que de prêcher la morale de l'ordre établi. Par cette humilité ostentatoire, Robert ne cherche-t-il pas à faire parler de lui, à accroître son « prestige sur les simples » ? Et prouvant qu'il n'est pas sot au point de croire que seul l'habit fait le moine, Marbode ajoute : « Ce qui est louable, ce n'est pas d'aller sans vêtement de lin, mais c'est de ne pas accorder de prix aux vêtements de lin. » Cet appel à la piété intérieure, à l'humilité subtile ne pouvait laisser Robert indifférent. Quelques années auparavant, à Angers, il préférait dissimuler son cilice sous des habits soignés plutôt que de le laisser complaisamment voir par les trous de ses guenilles. Dix ans plus tard, presque terme à terme, nous retrouverons les mêmes préceptes sous sa plume. Il semble donc qu'ici, le coup de Marbode a porté.

∴

On peut s'étonner que l'évêque de Rennes déploie tant de pénétration sur des questions vestimentaires. Mais il est de ces gens pour qui, dans l'ordonnancement du moindre détail, réside le bon arroi du monde. L'accoutrement de Robert prélude à des désordres autrement plus graves.

« En outre, dans les sermons par lesquels tu enseignes d'ordinaire les foules vulgaires et les gens ignorants, non seulement tu reprends, comme il convient, les vices des assistants, mais tu énumères, déchires, lacères aussi les crimes des dignitaires, ce qui ne se doit pas. »

Peut-on rêver expression aussi crue de la lutte des classes ? Robert, agitateur social, défenseur des pauvres, harcelant les puissants de ses traits ? Marbode semble abonder dans ce sens : il ne dissimule pas son mépris pour les foules, pour le vulgaire qu'il peint toujours friand de nouveauté, prêt à tomber dans tous les attrape-nigauds. Lui-même dit clairement parler au nom d'un groupe d'ecclésiastiques et de laïcs lassés des fantaisies du vagabond. On imagine l'assemblée de ces notables rassis, dérangés dans leur confort, exaspérés de voir leurs privilèges contestés, qui décident de passer à l'action et poussent en avant l'évêque de Rennes pour ramener le fauteur de troubles à la raison...

Les tenants de la haute culture médiévale usent d'une langue extrêmement précise. Il faut regarder de près les termes employés par Marbode pour éviter le contresens. Pour désigner les sectateurs de Robert, à trois reprises, il se sert de « *vulgus* », ou « *vulgares* » ; le vulgaire que nous traduirions volontiers par « le peuple ». Mais il a précédemment employé ce même terme, dans un contexte qui lui donne un sens plus précis : « Beaucoup de gens t'adressent des reproches, non seulement des ecclésiastiques, mais des *vulgares personae.* » Faut-il maintenant imaginer l'auteur en porte-parole des masses populaires ? De toute évidence, ces personnes — ces personnalités — opposées aux clercs sont des laïcs, les uns et les autres exprimant « les lois divines et humaines ». Le mépris de Marbode pour les foules qui suivent Robert, plus que le mépris du puissant pour les humbles, est celui du clerc pour les laïcs, « hommes ignorants », ou plus exactement, « inexperts », incompétents en religion ; ceux qui ne parlent pas le latin mais la langue vulgaire. Les grands auxquels Robert s'attaque sont les membres du haut clergé. C'est « tout l'ordre de l'Eglise » qu'il sape en dénigrant ses « dignitaires ».

Le prélat est habile, rompu à la rhétorique. S'il demandait à Robert de choisir entre les puissants et les humbles, l'ermite qui se veut un « pauvre du Christ » balancerait-il un instant ? En opposant clercs et laïcs, Marbode rallume d'autres solidarités ; sans le dire, car il joue au plus serré, excellant à prendre son adversaire à revers. Les crimes des hauts personnages ? Il ne les nie pas, mais pour mettre aussitôt Robert en difficulté : critiquer les absents, n'est-ce pas de la délation ? Et qui en sortira amendé ? Les grands sont ulcérés par la bassesse du procédé. La foule se trouve autorisée à mal agir en apprenant les errements de ses pasteurs, « car la condition des supérieurs veut que, quoi qu'ils fassent, ils semblent montrer la voie ». Et lorsque Marbode se fait plus émouvant, c'est pour pleurer sur le sort des prêtres de paroisse, désertés par leurs ouailles au profit de Robert ; « prêtres indigents », par cette usurpation privés de dîmes qui ne font que légitimement rétribuer le soin qu'ils prennent du troupeau que Dieu leur a confié. Art du retournement : voici Robert persécutant des pauvres.

Ce n'est donc pas d'un conflit entre gros et menus qu'il est ici directement question, mais d'ecclésiologie. Le débat porte sur la stratégie qu'il convient d'adopter pour mener à bien la réforme de l'Eglise. Que les clercs soient indignes ? Marbode ne le conteste pas. Qu'il faille les ramener à plus de vertu ? Sans doute. Mais c'est une affaire interne au clergé, qui n'a pas à être déballée sur la place publique devant des laïcs notoirement incompétents en matière de religion. Telle est la leçon que l'écolâtre adresse à l'élève. Qu'indirectement, l'ordre social soit ici en jeu, on ne saurait le nier. En défendant avec des accents misérabilistes les dîmes des pauvres prêtres, Marbode protège ses propres revenus. En réaffirmant l'exclusif monopole des clercs sur le domaine religieux, il entend réserver à sa caste le pouvoir de mener les esprits à sa guise. Enfin, de chacune de ses phrases transpire une certaine vision de l'univers, hiérarchique, immuable : les pasteurs à la tête du troupeau, les paroissiens dans leurs paroisses, Robert à la Roë, chacun à sa place, dans l'habit de son état. Ainsi va le monde, ainsi Dieu le veut.

Robert d'Arbrissel n'est pas le défenseur des pauvres au sens où nous voudrions aujourd'hui l'entendre. A le croire, on ne comprendrait pas pourquoi, lorsque ses disciples sortent de l'anonymat, s'y rencontrent tant de représentants des meilleurs lignages. Car précisément son crime social — il y en a bien un — n'est pas de choisir exclusivement les humbles, mais de confondre les genres : « Par quelle raison peut-on défendre que tu admettes indistinctement hommes et femmes, de toutes conditions et de tous âges... ? » Mélange des sexes, des états, des générations, voilà qui est réellement inadmissible. La société féodale ne saurait admettre une quelconque entreprise de nivellement.

L'année de la mort de Robert, un homme dont on sait peu de chose, Henri, qu'on dit de Lausanne, parcourt l'évêché du Mans suivi de pareilles cohortes indistinctes. Dénonçant l'indignité des clercs, il prône le droit de tous au sacerdoce et la célébration du culte par les places et les chemins. Chassé du Maine, on perd un temps sa trace. Son nom réapparaît, vingt ans plus tard, au concile de Pise ; il y est condamné. En 1145, le comte de Toulouse appelle Bernard de Clairvaux pour le combattre. Henri est arrêté, remis entre les mains du légat, incarcéré dans un monastère. Puis on reperd sa trace, pour toujours. Etonnante figure ; pour le peu que les sources hostiles et lacunaires nous en laissent percevoir, elle rappelle par plus d'un trait, celle du fondateur de Fontevraud. Il s'en faut de peu que les chemins des deux hommes ne se croisent. Il s'en faut de peu que Robert n'encoure la même condamnation qu'Henri. A quelques années de là, dans un tout autre cadre, le bénédictin Guibert de Nogent frémit au nom de « Commune », cette association qui lie les habitants des villes renaissantes. Pour Guibert, pour Marbode, pour les ennemis d'Henri de Lausanne, le monde est dressé, debout, avec un chef et des membres ; univers vertical, pyramidal, qui ne peut s'accommoder de ces solidarités horizontales entre les hommes. D'ailleurs, regardez-les : ils se vautrent.

Marbode considère maintenant les disciples de Robert et l'exaspération l'emporte peu à peu sur l'habileté du rhéteur. Des gens sans expérience, accueillis sans examen préalable, livrés à eux-mêmes, sans discipline ; car Robert délaisse immédiatement les convertis, les exposant ainsi à la damnation, pour ne plus s'intéresser qu'aux recrues à venir. Quand on songe au départ de la Roë, le propos n'est pas dépourvu de pertinence. C'est la dernière flèche ajustée de Marbode. Sa finesse ensuite l'abandonne. Il écume. Au fond, ce qui l'ulcère le plus, c'est le succès de Robert : le nombre des disciples est sans cesse accru, leur allure est détestable, copie conforme de celle de leur guide. « Si on leur demande qui ils sont, ils répondent être *les hommes du maître* sans préciser duquel... » Hypocrites comme lui : s'ils s'avancent pieds nus dans les villes et les villages, ils se rechaussent pour aller à travers champs. Puis Marbode en revient aux femmes de la troupe. Il avait commencé par là sa diatribe, par là il la conclut.

⁂

« Par leur seul aspect, elles répandent jusque dans la moelle un séduisant poison et elles excitent les zones obscures de l'esprit d'un insatiable prurit. »

Le plus grave manquement de Robert à la discrétion est le commerce qu'il entretient avec le sexe opposé. Des accusations de Marbode, on peut tenter de déduire quel fut le comportement de Robert. Mais l'évêque de Rennes livre plus que cela : la morale argumentée qu'il prône pour les clercs et les images délirantes qui le hantent.

Robert se complaît dans la cohabitation des femmes. La nuit, la troupe des deux sexes s'étend pêle-mêle. Le maître gît au milieu d'eux, fixant les veilles et le sommeil. Les femmes, compagnes de son errance, sont suspendues à ses lèvres. Mais il en a placé d'autres dans des hôpitaux ou des hôtelleries, au service des pauvres et des voyageurs, imprudemment mêlées aux mâles. A preuve le vagissement des nouveau-nés : des jouvencelles accouchent dans leurs cellules, tandis que d'autres s'enfuient pour cacher leur honte. Marbode, cependant, n'accuse pas Robert d'avoir succombé. Il sait que cette cohabitation a valeur d'expiation d'une faute ancienne. Il devine le tourment de l'errant et l'enveloppe du mouvement retors de l'insinuation. Robert pèche par témérité : est-il raisonnable de courir au-devant du danger que l'on veut fuir ? Par orgueil : croit-il être plus saint que David et plus sage que Salomon qui, tous deux, ont chuté ? Sans doute son âme n'est-elle pas encore atteinte, mais est-ce bien sûr ? Après tout, il n'est pas « de la race impassible des eunuques de naissance » mais « de ceux qui se châtrèrent volontairement pour le royaume des Cieux », race d'ascètes qui, loin des femmes, sont déjà en grand péril. Robert a pour le moins la perversité de l'avare, qui amasse des richesses dont il se refuse l'usage ; si ce n'est l'hypocrisie de celui qui passe pour abstinent aux yeux des hommes et se repaît en secret de chère et de vin.

Par-delà sa condamnation de la folle ascèse de l'ermite, l'évêque de Rennes se pose la question des prêtres dans le siècle et de leur chasteté. Il n'arrive pas à la résoudre. Il a été éduqué par les chanoines d'Angers. Promu écolâtre, il est resté cloîtré dans ce petit monde de clercs. Le voici à Rennes, au milieu de son chapitre. Au soir de sa vie, il démissionne pour finir ses jours au monastère Saint-Aubin d'Angers. Ce séculier, qui écrit des hymnes à la chasteté, a voulu vivre comme un moine. Favorable à la réforme des mœurs ecclésiastiques, il a cependant le plus grand mal à imaginer une voie médiane entre l'ordre canonial, séduisante copie du cloître monastique, et le concubinage, qu'il envisage comme un pis-aller : « Vivre dans une continence criminelle et une sainteté infâme est pire que le concubinage. » Au fond, il n'arrive pas à croire qu'on puisse se tenir sans faillir, au milieu du monde, parmi les femmes.

De loin, il se les figure. Comme des volutes de fumée, elles s'enflent et se tordent jusqu'à remplir « les zones obscures de son esprit ». Il en livre un fabuleux bestiaire. Femme-Eve : « L'origine du péché fut l'œuvre de la femme et, par elle, nous mourrons tous. » Femme-ensorceleuse, « elle prend l'âme précieuse de l'homme. Prends garde qu'elle ne te captive ! » Femme-serpent, près de qui

« il n'est pas longtemps sûr de dormir ». Femme-virus, « elle répand la peste de la concupiscence ». Femme-vermine : « La mite vient des vêtements et l'iniquité de l'homme procède de la femme. » Femme-prurit et poison, qui pénètre l'homme « jusqu'à la moelle ». Femme-flamme : « Qu'arrivera-t-il si le feu prend à la paille ? » Femme-ivresse : « Et celui qui ne boit pas de vin, pourquoi se réjouit-il de la gaieté du vin ? » Femme-outre et ventre : les utérus éclatent dans les accouchements clandestins comme les vieilles outres sous la pression du vin nouveau.

Inépuisable Marbode ! Tandis qu'il adresse d'élégants poèmes à Ermengarde de Bretagne, à la reine Mathilde, vantant leur mortelle beauté, il consacre une partie de son *Livre des X chapitres* à « La prostituée » : « Une tête de lion, une queue de dragon, tout le reste de son corps n'est rien d'autre qu'un feu ardent. » Mesure et démesure, froide raison et bouffées de fièvre. Au sein des sanctuaires romans, modèles d'harmonie et d'équilibre, le peuple des sirènes, des dragons et des stryges sculpté aux chapiteaux de pierre ne dort jamais que d'un œil. Dans ses chants, à plusieurs reprises le censeur se confesse : « J'ai jadis été ligoté par les liens d'un amour forcené » ; et il avoue encore à la Vierge : « Ce que le corps n'a pu faire, l'esprit l'a perpétré. » Comme Robert, Marbode de Rennes est un de « ceux qui se châtrèrent volontairement pour le Royaume des Cieux » et qui, « même en l'absence des femmes, par un grand labeur peuvent à peine surmonter cet illicite appétit de la chair ».

∴

Robert d'Arbrissel ne s'est jamais expliqué de son attitude avec les femmes. Son silence nous réduit aux conjectures ; d'autant que ses deux hagiographes éludent — on les comprend — ce sujet délicat. Une seule indication de Baudri, mais elle est de taille ; considérant sa troupe errante, dont il ne sait trop que faire, le maître n'a qu'une certitude : « Il fallait que les femmes habitent avec les hommes. » Il y a bien là un projet, Marbode de Rennes ne s'y est pas trompé. Mais, pour en percer la nature, il serait injuste de ne laisser la parole qu'à l'accusation. Qu'est-ce qui attire Robert vers les femmes ? A cette question, on peut répondre sans craindre l'erreur : le désir charnel. Car pour ce temps — pour les hommes de ce temps — femme et chair ne font qu'un et nul mâle, quelle que soit sa robe, ne peut prétendre échapper à cette faim qui met le corps en chasse ou l'esprit en feu, ce qui est pis. Voilà l'impulsion originelle, la force torrentueuse à laquelle l'ascète ne peut faire barrage mais qu'il détourne, qu'il canalise au service de son projet. Car sur cette appétence virile dont il est comme tout autre tributaire, Robert d'Arbrissel forme un singulier dessein. A défaut de le connaître par sa voix, on peut tenter, par analogie, de le cerner, de l'enserrer dans un réseau d'exemples et de textes orientés dans le même sens et que l'ermite avait très certainement à l'esprit lorsque son projet a pris corps.

Des textes surtout, puisque en eux réside toute science ; et, au premier chef, les *Vies des Pères*. A des siècles de distance, les extravagances des solitaires de l'Egypte lancent autant de défis à qui, par la porte étroite, veut atteindre au Royaume.

Jérôme conte la vie de Paul de Thèbes. Mais une

légende file rarement son droit chemin ; le détour lui est familier. La fin de deux martyrs anonymes ouvre ainsi la *Vie de Paul l'ermite.* Deux jeunes chrétiens sont pris par les tourmenteurs. De l'un, on enduit le corps de miel et on l'expose, sous l'ardeur du soleil, aux piqûres des mouches et des guêpes. Il s'en tire à bon compte. L'autre est mis sur un lit des plus mollets, dans un jardin de rêve, parmi le murmure des ruisseaux, le chant des oiseaux et les douces senteurs des fleurs. On lui attache pieds et mains, sans violence. Vient une jouvencelle d'une exquise beauté qui, impudiquement, le caresse. Malgré lui, sa chair s'anime. Alors, il se tranche la langue d'un coup de dents et la lui crache au visage. L'attouchement des femmes est un supplice ; le plus grave, doux au corps, il met l'âme en extrême péril.

Jean Cassien a noté, dans ses *Conférences,* les propos des plus fameux Pères du désert. L'un d'eux, Pafnuce se croyait délivré de toute concupiscence. En préparant un plat de lentilles, une flamme lui brûle la main. Il se désole : « Pourquoi le feu n'est-il pas en paix avec moi, quand j'ai remporté la victoire dans des combats bien autrement terribles contre les démons ? » Un ange de Dieu lui donne la réponse :

« Pourquoi es-tu triste, Pafnuce, de ce que ce feu terrestre ne soit pas en paix avec toi, alors que réside encore dans tes membres un foyer de mouvements charnels qui n'est pas réduit. Tant que ses racines demeureront vivaces dans tes moelles, elles ne te permettront pas que ce feu matériel te soit pacifique. Tu ne cesseras d'être sensible à ses atteintes que du jour où tu éprouveras par ce signe que tout mouvement intérieur est mort en toi : Va, prends une jeune fille nue et de grande beauté ; si, la tenant, tu sens que la tranquillité de ton corps demeure inaltérable et les transports de la chair pacifiés, alors oui, le contact de cette flamme visible te sera doux et inoffensif, comme il le fut aux trois enfants dans la fournaise de Babylone. »

De martyre subi, le contact de la femme devient ici supplice volontaire et prend alors valeur de test. Lorsqu'un ascète d'outre-Manche, Kentigern, évêque de Glasgow, après s'être plongé dans l'eau glacée reste de marbre à la vue et au toucher d'une fille très belle, il sait que ses mortifications n'ont pas été vaines et qu'il a bien emporté le plus ardu des combats.

On ne peut affirmer que Robert d'Arbrissel ait eu connaissance de la tradition britannique. On ne s'y arrêtera donc pas. Les exemples des Pères suffisent ; ils sont le levain dans la pâte. Au même moment, ils inspirent ses proches compagnons, les ermites des forêts de l'Ouest. De jeunes débauchés veulent se gausser de Firmat et mettre à mal sa chasteté. Ils engagent une courtisane qui va frapper à la porte du saint homme : elle est seule, elle a peur des bêtes sauvages et de la nuit, elle demande l'hospitalité. L'ermite aussitôt lui ouvre sa cabane, allume du feu, sert du pain. Elle l'attaque, le serre de près et il sent en lui monter le désir. Alors, il attrape un tison dans l'âtre et se l'applique sur le bras. Le feu est vaincu par le feu. L'impudique tombe à terre et dit son repentir. Dans la collégiale Saint-Evroult de Mortain, on a longtemps pu voir l'os calciné de l'athlète de Dieu. Firmat précède Robert de quelques années dans les solitudes de l'Ouest. Giraud de Sales est de sa suite. Au cours d'une tournée de prédication, une débauchée lui offre l'hospitalité. On le met en garde, il n'en a cure. Au moment du coucher, elle réclame son dû. Giraud lui demande un instant, le temps de se préparer. Il place son manteau sur les braises ardentes, s'y étend et l'invite : qu'elle partage donc sa couche, si elle le veut ! Elle aussi se convertit et prend le voile à Fontevraud.

Tous les ascètes subissent la tentation et sont soumis à la question par excellence, celle de la chair ; « question » au sens de « torture », mais au sens aussi où d'elle viendra la vérité. Tous n'y apportent pas la même réponse. En proie au désir, les uns se fouettent, se jettent parmi les orties ou les ronces : ils se châtient, peu s'en faut qu'ils ne se mutilent. D'autres se baignent dans l'eau glacée ou se roulent dans la neige : ils se guérissent et s'aguérissent, combattant la fièvre par son contraire. D'autres enfin opposent la braise à la braise. Nous venons d'en esquisser la collection. Ce sont les plus fous. Robert est de ceux-là.

En cet âge féodal, une des formes ordinaires de procès est le Jugement de Dieu, en particulier l'ordalie par le feu, ou le duel judiciaire. Celui qui veut faire la preuve de son innocence prend un objet de métal chauffé au rouge. Si ses paumes résistent, c'est que Dieu a voulu manifester son innocence. On se souvient d'Yseult saisissant le fer dans ses mains pour convaincre Marc qu'elle n'a pas failli. En cas de litige, les deux hommes s'affrontent, ou leurs champions. En donnant à l'un la victoire, Dieu départage le loyal du félon. Dominique Iogna-Prat a fort justement montré que, dans les pratiques pénitentielles des ermites de l'Ouest tels Firmat et Giraud et dans la logique de Cassieu et Kentigern, l'épreuve du feu, substitut de la chair, a valeur d'ordalie, de preuve après l'épreuve, de test immédiat après les longues années d'entraînement au désert. Dans ce plaid, Dieu est mis en demeure de se prononcer, de lancer à l'athlète et à ses spectateurs un signe décisif : coupable ou innocent, proie du diable ou proche de la sainteté, selon que le corps réagit sous la brûlure ou qu'il reste de glace. Pafnuce est brûlé ; il n'a pas encore assez d'ascendant sur ses sens. Firmat, Giraud supportent la braise, signe qu'en eux, tout feu charnel est éteint.

De cette tradition ascétique, Robert procède et pourtant se distingue. Depuis Paris sans doute, l'idée de sa faute le poursuit. Marbode l'a deviné. A Angers, au désert, il se mortifie pour que ce corps coupable soit vraiment tel un cadavre. Vient un temps où il s'interroge : Ai-je assez expié ? Ai-je fait taire à jamais le désir ? C'est à cette question que doit répondre le test de la couche partagée, l'ordalie de la chair. Car au feu charnel, Robert ne substitue ni l'ardeur de la braise, ni la brûlure du fer rouge. Pour Firmat ou Giraud de Sales, le défi se résout par un dépassement de l'obstacle : qui peut supporter le feu, *a fortiori* peut supporter le désir. Robert pour sa part relève le gant, en appelle au duel judiciaire : il choisit l'affrontement, le corps-à-corps.

∴

Depuis que le vagabond a encouru les foudres de Marbode, quelques années ont passé et le XIe siècle est révolu ; quand, en 1106-1107, une nouvelle lettre parvient à Robert. C'est Geoffroy, abbé du monastère de la Trinité de Vendôme, qui la lui adresse. Celle-ci aussi nous est conservée. La correspondance dont cette époque a laissé la trace, même si elle traite d'affaires privées, n'a rien de confidentiel. Toute lettre est lettre ouverte. Celui qui écrit ne vise pas un unique destinataire, mais le plus grand nombre et il prend soin de garder copie par-devers lui de ce qu'il croit devoir lui survivre. Coquetterie d'auteur ? Pas exactement. Les recueils ainsi constitués, loin d'être de pièces et de morceaux, ont un sens. Doublant les collections de décrets — d'ailleurs formées selon la même méthode, coup par coup — ces correspondances qui n'ont rien de privé sont de véritables sommes de jurisprudence. On y étudie tous les cas que pose la vie chrétienne ; on les résout à grand renfort d'autorités. Certains auteurs couvrent tant de situations, tel le canoniste Yves de Chartres dans ses deux cent quatre-vingt-douze lettres, qu'on a le sentiment que leur courrier a rempli un plan préétabli. De Geoffroy de Vendôme, nous possédons cent quatre-vingt-dix épîtres, réparties en cinq livres. Dans la quarante-septième du livre IV, « l'humble serviteur du monastère de Vendôme » s'adresse « à Robert, son frère chéri dans le Christ : qu'il conserve la mesure de la *discretio* et se contente de rester dans les bornes que les Pères de l'Eglise ont fixées ». Si les événements ont parfois séparé Marbode de Geoffroy — cinq ans plus tôt, ils s'opposaient dans des luttes de clans pour l'élection de l'évêque d'Angers — les deux hommes défendent les mêmes valeurs, *discretio* en tête, et, par plus d'un trait, ils s'apparentent. Il y avait du moine dans le prélat, il y a du prélat dans ce moine.

Geoffroy est de haute noblesse angevine, sans doute issu de la famille des seigneurs de Craon. Dès son plus jeune âge, il est placé dans le monastère de la Trinité de Vendôme et, en 1093, le voici propulsé du simple noviciat à la dignité abbatiale. Il part aussitôt à Rome pour y recevoir le cardinalat au titre de Sainte-Prisce qui récompense automatiquement le chef de la puissante abbaye. Il s'attire les bonnes grâces d'Urbain II. Sa vie durant, il se fait le partisan intransigeant des droits de la papauté ; au point qu'il n'hésite pas à invectiver Pascal II qui, à son gré, n'a pas défendu les prérogatives pontificales avec assez de conviction dans la querelle des investitures : « Produit-on des excuses ? Il n'y en a pas de recevables ! » L'homme est redoutable ; ombrageux, hautain, dominateur. Convoqué au concile d'Orléans en 1126, il refuse de se plier à l'invitation du légat, car un abbé de Vendôme ne peut accepter de traiter qu'avec le pape. Lorsque l'intérêt de son monastère est en jeu, son ardeur ne connaît pas de limites. Les investitures décernées par les laïcs, leurs interventions dans les élections épiscopales ou abbatiales le mettent en rage. Il se mêle de tout ; surtout de ce qui ne le regarde pas, laissant libre cours à ses affections ou à ses haines, ne supportant pas la contradiction. Lui fait-on résistance ? Il écrit à Rome et obtient satisfaction. S'il le faut, il fait le voyage ; douze fois, semble-t-il. Il triomphe et revient, plus sûr encore de son droit.

Au regard de ce tempérament, le ton mesuré, voire affectueux de la missive adressée à Robert prend toute sa valeur. De « son frère chéri », Geoffroy requiert humblement « les saintes prières ». Certes, c'est encore de « bruits sinistres » qu'il s'agit ; certes, le danger, une fois de plus, vient des femmes. Mais autant l'épître de Marbode avait des relents de coups de règle sur les doigts, autant celle de Geoffroy marque envers son destinataire une réelle déférence. « Tu as gravi dans le monde un sommet élevé et tu as ainsi tourné vers toi les regards et les langues des hommes. »

∴

Dans le délai qui sépare les rédactions des deux lettres, le statut de Robert et de sa troupe a en effet changé. Est-ce le contre-coup des critiques de l'évêque de Rennes ? Est-ce pour en avoir été sommé au concile de Poitiers par les légats du pape ? Est-ce par le même mouvement qui avait prévalu lors de l'établissement de la Roë, ce processus quasi naturel qui impose au nouvel essaim de constituer un jour sa ruche ? Toujours est-il que, vers 1101, Robert et ses disciples se sont fixés « dans un lieu inculte et âpre, plein d'épines et de buissons », à Fontevraud. Baudri nous décrit les premiers temps de la nouvelle communauté. A l'image du lieu, la vie est rude, soldatesque. Cette « armée de Dieu » s'est placée en un camp retranché, un désert. De méchantes huttes protègent à peine des intempéries ; un simple oratoire pour prier Dieu. Chacun est attelé à une tâche pour éviter l'oisiveté. Il faut filer doux, « cou fléchi, visage baissé », en silence. L'humilité est de règle : la troupe se pare du beau nom de « *Pauperes Christi* », les Pauvres du Christ. Leur chef, déclinant les titres d'abbé ou de seigneur, ne veut être appelé que leur maître. Entre eux règne la fraternité : « nulle amertume, nulle envie, nulle discorde ». L'âge d'or.

Les ordres monastiques aussi gardent la nostalgie de leur enfance. Dénuement, partage, concorde ; chaque nouvelle fondation ressuscite pour un temps l'Eglise primitive ; un temps souvent bien court, où la vie, rude mais dépouillée, de ce fait paraît singulièrement légère. Il s'en faut pourtant que le vallon ligérien n'atteigne aux sommets de la Chartreuse. En s'installant à Fontevraud, Robert fait enfin preuve de modération et de bon sens. Le lieu n'est pas si sauvage que cela. Plus qu'une forêt, Baudri précise : c'est « un petit bois, une ronceraie ». En fait de désert, Candes et Montsoreau sont tout proches et les essarteurs ont pénétré le vallon : des clos de vigne le bordent, deux moulins y sont déjà établis. Bonne implantation matérielle et judicieuse position politique. Est-ce hasard ou fine stratégie ? Robert se trouve heureusement placé dans le découpage des principautés et des diocèses. A la limite de l'évêché d'Angers et de l'archevêché de Tours, Fontevraud dépend du diocèse de Poitiers dont il constitue l'extrême pointe septentrionale. Echappant ainsi à la coupe d'un incapable et d'un corrompu, la communauté se trouve sous la protection de Pierre II, le pieux évêque de Poitiers, qui la comblera de ses faveurs. Cette heureuse rencontre pourrait se doubler d'un péril. On se souvient que le pays poitevin est soumis au comte Guillaume, par ailleurs duc d'Aquitaine, celui-là même qui fera périr Pierre par ses mauvais traitements. Mais la fondation relève de la seigneurie de Montsoreau et est ainsi dans la mouvance du comte d'Anjou ; elle n'aura pas à s'en plaindre. Dans l'immédiat, les terres sont concédées à la communauté par Gauthier de Montsoreau et ses proches.

Enfin Robert met bon ordre au mélange des sexes. S'il importe à ses yeux qu'hommes et femmes vivent ensemble, cela doit se faire sans scandale. Il les établit donc en des lieux distincts. Les femmes, condamnées à la clôture, se consacrent à la prière tandis que le sexe fort est astreint à la vie active. Avec des nuances : les prêtres chantent les psaumes, célèbrent les messes tandis que les laïcs de la troupe, « d'eux-mêmes, dit Baudri, se soumettent au travail ». Voilà donc que se réintroduisent les catégories chères à Marbode et que la dignité sacerdotale est reconnue sans réserve. Ce monde, quadrillé, retrouve une ordonnance.

Le succès de Fontevraud est foudroyant. Les recrues affluent, « presque innombrables » ; des femmes surtout, de toutes conditions. Il faut nourrir cette multitude. Au milieu des fourrés incultes, les nouveaux venus n'ont pas encore eu le temps de défricher, labourer, semer, moissonner ; le dur labeur par lequel des armées d'essarteurs, jamais si actifs qu'à cette époque précise, sont en train de donner à l'Europe un nouveau visage. Heureusement, des environs arrivent des aliments et d'abord, du pain ; c'est l'essentiel. Mais la communauté est trop importante et n'a pas tous les jours de quoi se mettre sous la dent. Quand la nécessité presse, Robert fait une sortie, et il parle. Cela suffit tant est grand son pouvoir de persuasion. Les offrandes redoublent : après le pain, l'accompagnement, les vêtements, l'argent. Les dons ne viennent plus seulement des pays voisins. Des princes, des peuples se déplacent pour voir l'étrange assemblée, « faible et blême à cause de la parcimonie de la règle ». Avant qu'une année ne se passe, tant d'argent est amassé que les pauvres de la veille, grossis de ceux du lendemain, peuvent remplacer leurs huttes par des maisons de pierre et agrandir l'oratoire. Ces constructions en dur permettent de renforcer les cloisonnements, de les rendre plus étanches. Les hommes sont mis dans des demeures à l'écart. Les femmes sont à leur tour séparées en deux ; le groupe principal, fort de trois cents d'entre elles est placé dans le Grand-Cloître.

Le ton ferme mais respectueux de la lettre de Geoffroy de Vendôme ne se comprendrait pas sans cette évolution. S'il refuse la dignité ecclésiastique de l'abbé et la puissance féodale du seigneur, le « *dominus* », Robert se pare cependant du titre de « maître ». Et quoi qu'en dise Baudri, ce magistère, par l'autorité spirituelle qu'il implique, n'est pas la plus parfaite expression de l'humilité : Marbode frémissait de constater la totale soumission des « hommes du maître ». Mais surtout, au lieu d'entraîner une troupe de bouffons derrière sa marotte, Robert règne désormais sur une communauté dûment constituée, flanquée des parrainages ecclésiastiques et laïcs sans lesquels on ne peut être vraiment reconnu dans cette société de dépendances. L'apparence même du maître a changé, Baudri en témoigne :

« Pendant longtemps, il ne s'assit pas sur un cheval et ne goûta ni vin, ni mets savoureux. Lui-même allait toujours nus-pieds et portait des tuniques et de rudes vêtements de crin. Jusqu'au jour où, sur le conseil des prêtres, le corps las désormais, il se chaussa, monta sur un cheval et fut momentanément plus doux pour son corps ; non par plaisir, mais pour avoir plus de force au travail. »

Les prêtres ont fait pression, ils ont ramené le vagabond dans le droit chemin. Robert s'est installé ; il s'est assis.

∴

Les critiques de Geoffroy sont donc nettement circonscrites. Il ne fait aucune allusion à la tenue du maître ou de ses disciples ; nulle trace non plus de coucheries collectives au milieu des bois. Les deux sexes sont apparemment bien isolés, chacun dans sa citadelle. Pour les mâles, la tentation se réduit à savoir les femmes proches, derrière l'abri des murailles. Le décor aussi a changé. Au bruissement des arbres se substituent les rumeurs de couloir, les bruits d'alcôve.

« Il est, dit-on, certaines femmes auxquelles tu permets d'habiter dans ta familiarité, avec lesquelles tu t'entretiens très souvent en privé ; et même, tu ne rougis pas de coucher fréquemment la nuit avec elles et au milieu d'elles. »

Robert se plaît dans les quartiers interdits. Seul, cinq ou six ans après la fondation, il n'a pas renoncé à ses étranges macérations, dès lors érigées en privilège magistral. « Par là, comme tu le dis toi-même, tu crois dignement porter la croix de Notre-Seigneur et Sauveur en t'efforçant d'éteindre l'ardeur de la chair, à grand tort allumée. » Ce témoignage est extrêmement précieux puisque, semble-t-il, c'est l'idée de Robert qu'il transcrit. Transmuer la passion de la chair en la Passion du Christ, telle est l'alchimie de son ascèse. Geoffroy résume l'expérience d'un mot, sacrilège : « Tu te crucifies dans leur lit par un nouveau martyre. »

A deux reprises, l'abbé de la Trinité insiste sur l'originalité du supplice : « Tu as inventé un nouveau genre de martyre, jusqu'ici inédit mais infructueux ; car on ne peut tirer aucun fruit, aucune utilité de ce qui est contraire à la raison. » En accordant à son destinataire la paternité du procédé, Geoffroy se trompe puisque, nous l'avons vu, Robert ne fait que perpétuer une tradition aux très lointaines racines. Le censeur, au fond, le sait bien ; à preuve, il en comprend tout de suite le sens : un martyre, une crucifixion. Mais la Tradition déjà est trop vaste, part en trop de directions, admet trop d'extravagances. Il est remarquable qu'à l'orée du XIIe siècle, ce clerc tente de n'en retenir que ce qui est conforme à la mesure, à la logique ; « la foi en quête d'intelligence », propose dans le même temps Anselme de Cantorbéry. Pour ramener à la raison, rien de tel que l'*Ecclésiastique* : « Ne te couche pas avec la femme, ne sois pas assidu auprès d'elle, ne la regarde pas pour ne pas risquer d'être ébranlé par sa beauté et d'être perdu » ; « la femme s'empare d'âmes précieuses et son entretien incendie le cœur de l'homme comme un feu ». A la différence de Marbode, Geoffroy n'y insiste pas trop. C'est que ses reproches ne portent pas exactement sur ce point. Ce n'est pas tant à l'ascète qu'il s'adresse, qu'au recteur.

« J'ai en effet entendu dire qu'envers le sexe féminin que tu as entrepris de régir, tu suis deux modes de conduite l'un à l'autre contraires, mais qui excèdent tous deux les bornes de la *discretio.* » Aux yeux de ses contemporains, Robert s'est spécialisé dans le gouvernement des femmes, « une rude tâche, qui a souvent conduit à la mort tous ceux qui l'avaient entreprise », prévient Geoffroy. Des deux modes de conduite, nous en connaissons un ; avec certaines, la familiarité excessive, le lit partagé. « Quant aux autres, si tu leur parles parfois, c'est avec une dureté excessive, une rigueur impitoyable ; tu les tortures même par la faim, la soif, la nudité et tu ne leur témoignes jamais aucune compassion. » Ces quelques lignes ont fait couler beaucoup d'encre. Précises dans la description des deux traitements, elles restent dans le vague quant à la qualité des femmes qui les subissent :

« certaines », « d'autres ». C'est cette imprécision qui a permis à des interprétations divergentes de prendre naissance.

Il faut avouer que, pour l'instant, s'il a beaucoup été question des femmes, elles sont restées une masse anonyme. Ce n'est pas de notre fait. Les deux missives adressées à Robert ne font pas de détail dans ces bataillons dont elles parlent tant et l'abbé de la Trinité pose une question qu'il ne donne pas le moyen de résoudre. Toutes les sources, mises bout à bout, y suffisent à peine. Qui sont-elles ?

∴

Et d'abord, quel est leur recrutement social ? L'organisation interne du monastère semble fournir une première piste.

A la mort de Robert, Fontevraud compte quatre établissements ; Saint-Jean pour les hommes, Saint-Lazare pour les lépreux et deux cloîtres de femmes : le Grand-Monastère dédié à la Vierge et la Madeleine. A qui ces deux demeures féminines sont-elles destinées ? On sait que de grandes dames de l'aristocratie sont venues faire retraite auprès de Robert et que de nobles jouvencelles lui ont été confiées. On sait par ailleurs qu'il attirait à lui des filles perdues. On s'est arrêté à l'idée que les deux cloîtres de femmes accueillaient ces deux catégories extrêmes de la société : à la Madeleine les pécheresses, au Grand-Monastère les vierges et les veuves bien nées. Sur cette base, certains historiens, tel J. de Pétigny, ont supposé que la lettre de Geoffroy de Vendôme condamnait les sévices que le maître infligeait aux prostituées ; d'autres au contraire, tel J.-M. Bienvenu, qu'il chérissait les filles repenties et se montrait dur aux représentantes des grandes familles. Dans les deux cas, on entérine cette dichotomie. Or recouvre-t-elle bien les rares cas d'espèce qu'on peut entrevoir ?

Qu'il y ait des prostituées dans le sillage de Robert, sans doute. Baudri nous dit qu'affluent vers lui les « *meretrices* » ; terme ambigu, qui peut aussi bien désigner des professionnelles que, dans un sens moral, des femmes légères. Un texte cependant dissipe toute ambiguïté, dans lequel on voit Robert entrer dans un lupanar et en entraîner les pensionnaires au désert ; nous y reviendrons. Qu'il y ait eu à l'autre extrême des nobles de renom dans les recrues, c'est une certitude. Ce sont même les seules dont nous connaissions les noms et dont nous pouvons à peu près reconstituer les destinées. Elles méritent qu'on s'y arrête.

Deux femmes émergent de la troupe des disciples par la position éminente qu'elles y occupent : Hersende et Pétronille. Leurs prénoms apparaissent dans les deux biographies de Robert, liés à l'institution de Fontevraud. A peine les travaux lancés, le fondateur est repris par l'appel de la route. Comme de la Roë, il veut partir pour prêcher au loin, gagner de nouvelles âmes. Il confie le soin de la communauté débutante à Hersende. Depuis l'origine, elle l'a suivi en religion, méprisant pour cela une brillante noblesse, rapporte Baudri. Pétronille lui est adjointe. Lorsque Robert veut placer une abbesse à la tête de l'ordre, la mort d'Hersende le contraint à confier cette charge à Pétronille. André, le second hagiographe, rapporte longuement toutes les étapes de la désignation. Devant une assemblée de clercs qu'il a convoqués, Robert argumente : plutôt que de confier l'ordre à une vierge élevée au cloître, peu experte en matière domestique, il préfère le remettre à une « *conversa laïca* », maîtresse femme ayant vécu dans le monde et apte à gérer les affaires matérielles. Un archidiacre l'encourage : il a entendu dire qu'Urbain II n'a pas hésité à nommer abbesse une matrone qui avait eu quatre maris. Peu de temps après, l'ordre est donc placé sous l'autorité de la dame Pétronille ; veuve du seigneur de Chemillé, ajoutent les historiens.

Comment le savent-ils ? Hersende et Pétronille peuvent être identifiées par d'autres sources que les deux *Vies de Robert* ; par des chartes en particulier qui mentionnent leurs noms et qui, dès le XVIIe siècle, ont permis aux généalogistes de les situer dans les lignages aristocratiques de la région. Elles y figurent en bonne place. Hersende est fille d'Humbert Ier de Champagne. En secondes noces, elle a épousé Guillaume, seigneur de Montsoreau, dont elle est la troisième épouse. Elle se trouve ainsi être la marâtre de Gauthier de Montsoreau, le protecteur de la communauté ; et puisque ce dernier tient la seigneurie des bords de Loire quand Fontevraud se crée, c'est donc que son père est alors mort et qu'Hersende en est veuve.

Pétronille est issue de la maison de Craon ; elle doit être la cousine germaine de Geoffroy de Vendôme. Mariée à Orri le Roux seigneur de Chemillé, affirment les généalogistes, elle en a eu au moins deux fils. Lorsqu'elle rejoint Robert, elle est très jeune, moins de vingt ans peut-être. Depuis quand Orri le Roux est-il mort ? On ne sait. Mais au fait, est-il mort ? Et d'où vient l'idée que Pétronille en est alors veuve ? Baudri qui dédie son œuvre à l'abbesse ne fait jamais mention de son veuvage ; pas plus qu'André, qui rapporte son élection. C'est pourtant par ce second récit que l'idée se glisse. Au XVIe siècle, on en rédige deux versions françaises. Sous la plume des traducteurs, la « *matrona* » promue à l'abbatiat par Urbain II en dépit de ses quatre maris devient une « veufve » ; tandis que Pétronille reste pour un temps une « laye converse ». Au XVIIe siècle, dans les récits des historiens de l'ordre de Fontevraud, le veuvage fait contagion et voici qu'il atteint Pétronille. A partir de ce moment, en dépit des *Vies* latines, cette donnée est systématiquement reprise par tous ceux qui s'intéressent à l'abbesse.

Paille infime, dira-t-on ; elle témoigne cependant de la distance qui du Moyen Age nous sépare et de notre difficulté à en admettre l'étrangeté : si une abbesse n'est pas vierge, elle doit donc être veuve. Depuis le début des temps modernes, toute autre situation n'est plus imaginable tant elle paraîtrait mal s'accorder à la dignité de cette charge ; et si les sources ne le disent pas, il faudra leur faire dire. Que rapportent-elles, au plus juste ? Pétronille est dite « *conversa laïca* » parce qu'elle a renoncé au monde dans lequel elle avait jusqu'alors vécu ; elle y a connu les couches nuptiales. Lorsqu'elle arrive auprès de Robert, elle abandonne non pas la demeure de son mari, mais celle de son père. S'y était-elle réfugiée veuve, ou répudiée, ou fuyant son époux ? C'est un point qu'on se gardera bien de trancher.

Le cas de Pétronille n'est pas clair ; de là son intérêt, car il a le mérite d'attirer l'attention sur le statut matrimonial des femmes qui convergent vers Fontevraud. Les quelques autres cas que nous connaissons confirment que ce statut, à nos yeux, selon nos normes, fait systématiquement problème.

∴

Ermengarde est fille de Foulque IV d'Anjou. Peut-être fut-elle mariée à Guillaume, comte de Poitou et duc d'Aquitaine, qui l'aurait répudiée. Elle épouse Alain Fergent, comte de Bretagne. En 1112, son mari entre à l'abbaye de Redon et peut-être en profite-t-elle pour prendre le voile ; cas apparemment très canonique, prévu, encouragé par l'Eglise. Mais six ans auparavant, fuyant cet époux et la rudesse bretonne, elle est sans doute déjà venue se réfugier à Fontevraud après avoir tenté en vain de faire casser son mariage pour parenté. Retraites éphémères : on la retrouve à la cour de son fils, au premier rang, tandis que son mari reste au cloître, jusqu'à son dernier soupir.

Agnès est la prieure d'Orsan, l'établissement fontevriste où Robert va mourir. Sans doute comtesse des Aix-en-Berri, elle est l'ancienne femme d'Alard, seigneur de Châteaumeillant. Leur mariage a été rompu pour cause de parenté et il s'est remarié à une veuve de la famille de Bourbon. Agnès s'est réfugiée auprès de Robert. Quels jeux d'alliance, d'intérêt cache ce divorce ? Lequel a voulu le plus fort quitter l'autre ? Y a-t-il eu querelle, ou consentement mutuel, ou compensations ? Toujours est-il qu'Alard comble de ses dons le prieuré de sa femme.

Philippa est la deuxième épouse de Guillaume de Poitou, succédant peut-être à Ermengarde d'Anjou à ce poste redoutable. Elle est à coup sûr en puissance de mari lorsqu'elle se réfugie en 1116 à Fontevraud, lassée des infidélités de Guillaume et de son concubinage notoire avec la Maubergeonne.

Bertrade de Montfort épouse le comte d'Anjou, Foulque IV le Réchin ; c'est sa cinquième épouse et la belle-mère d'Ermengarde. Philippe Ier, roi de France, prend la femme de son vassal. Le Capétien est poursuivi des foudres de l'Eglise, plusieurs fois excommunié. En 1105, les amants promettent de se quitter. La mort seule les y force : Philippe disparaît en 1108. Bertrade envisage alors une retraite qui ne lui coûte plus ; sans hâte. De 1108 à 1114, il lui faut au moins quatre visites à Robert avant de se décider à s'enfermer au prieuré de Hautes-Bruyères qui dépend de l'ordre de Fontevraud. Presque aussitôt, elle y meurt.

Pierre le Vénérable, le grand abbé de Cluny, évoque sa mère, sainte Raingardis. Elle ne peut se souffrir mariée. Elle hait les liens du mariage et, sans doute, son mari. Entend-elle parler d'un saint homme de passage ? Elle court se jeter à ses pieds et l'implore de l'accueillir sous sa protection. Robert n'y coupe pas. Il la calme et lui conseille d'attendre la mort de son seigneur et maître. Prudence inhabituelle ; par une lettre de Roscelin à Abélard, on sait que l'évêque d'Angers, Rainaud de Martigné, prend violemment à partie le fondateur de Fontevraud : des femmes se sont réfugiées près de lui, leurs maris les réclament à cor et à cri, il ne veut rien entendre. Mais ce qui nous intéresse ici, c'est l'attitude de Raingardis : « Elle se jetait aux genoux des saints hommes et, comme Marie la pécheresse, elle arrosait leurs pieds de ses larmes. » Si Robert avait accueilli cette femme, ne l'aurait-il pas logée à la Madeleine plutôt qu'au Grand-Cloître, quand son propre fils n'hésite pas à la comparer à Marie la pécheresse, celle que nous appelons Marie-Madeleine ?

En fait de veuves tranquilles et de vierges farouches, à Fontevraud se pressent des épouses repoussées par leurs maris ou les fuyant, des femmes avides de partager l'intimité du fascinant fondateur ou, à l'inverse, peu enclines à quitter les douceurs du monde et entrant au cloître comme à regret, pour assurer *in extremis* un salut menacé. La distinction entre nobles dames et prostituées, à l'usage, s'avère inopérante. Pour un clerc, Bertrade, en dépit de son rang, est une *meretrix*. Pour son propre fils, Raingardis est une Madeleine. L'examen de ces quelques cas individuels — ceux que l'on peut déchiffrer, c'est-à-dire ceux des plus puissantes — incite à réfuter l'idée d'une nette bipolarité dans le recrutement des disciples féminines de Robert. Dans la troupe qui suit le prédicateur puis s'établit à Fontevraud, ce qu'il faut imaginer, vierges mises à part, c'est une infinie diversité de cas, un dégradé qui mène de rares veuves « irréprochables » à de rares prostituées professionnelles. Ces femmes ont cependant un point commun : elles sont les victimes de la crise matrimoniale qui secoue alors la Chrétienté, cette crise que Georges Duby nous a fait découvrir.

∴

Depuis le début du XIe siècle, l'Eglise a engagé le combat sur tous les fronts. Non contente de tenter d'imposer le célibat à ceux de ses clercs qui vivent dans le siècle, elle veut moraliser les accouplements des laïcs. Moraliser, c'est-à-dire imposer sa morale : un mariage consacré par l'Eglise, unique et indestructible, où les conjoints n'aient aucun lien de parenté si lointain soit-il ; ce mariage qui, bon gré mal gré, a survécu jusqu'à nous. La morale des clercs, quoi qu'ils veulent faire croire, ne se substitue pas au désordre mais à un ordre ancien, à un autre code. Chez les grands, où nous pouvons le cerner, il obéit aux lois du lignage : s'assurer un héritier, accroître le patrimoine. L'homme renvoie la femme qui ne lui donne pas de fils. Si un parti plus avantageux se présente, il préfère ces nouvelles espérances à l'union antérieure. Pour éviter que le patrimoine ne s'émiette, il épouse volontiers sa cousine. Pour montrer sa prouesse, sa virilité, pour défendre son rang, il entretient à ses côtés des femmes de moindre condition, épouses « à la danoise », dit-on à l'époque. En cas de besoin, à défaut d'hoir de meilleur sang, ces fils de fortune recueilleront l'héritage, non sans peine car leurs droits ne sont pas aussi nets que ceux des enfants issus des épouses de premier rang ; on sait le mal que Guillaume le Bâtard eut à devenir duc de Normandie.

Ces deux morales distinguées par Georges Duby s'affrontent avec le plus de violence au moment même où se crée Fontevraud, vers 1100. Le « rapt » de Bertrade d'Anjou par le roi Philippe Ier et les conflits qui s'ensuivent en offrent un condensé et un apogée. Peu à peu, les prêtres imposent leur loi et, d'abord, leurs mots : incestueux ceux qui s'unissent alors qu'ils cousinent ; adultère, bigame, celui qui prend une nouvelle épouse après avoir renvoyé la femme stérile ou de moins beau parage ; concubine, celle qui s'introduit ainsi dans le lit de l'homme et dont l'Eglise ne reconnaît pas les droits ; concubine, *meretrix,* la femme de moindre rang qui partage la couche du maître quand le désir le saisit. Les chevaliers, face à cet assaut, se raidissent ; puis ils rusent, découvrant des liens de consanguinité avec celles qu'ils veulent repousser, retournant le message clérical contre lui-même ; puis ils se soumettent. Le contagieux veuvage de Pétronille de Chemillé donne la mesure du triomphe de l'Eglise : on n'imagine plus, passé le Moyen Age, qu'ait pu exister une autre légitimité que celle-là que prônent les clercs.

Ces deux morales, celle des guerriers et celle des prêtres, se tiennent par un point : toutes deux sont des morales d'hommes. De leur conflit, la femme n'est que l'objet, très malmené. A celles qu'on condamne, qu'on rejette ou qui fuient, Robert ouvre les bras. Le prêtre concubinaire, poursuivant son projet d'ascèse insensé, et les femmes désemparées se rencontrent. Le succès de Fontevraud est le fruit de ce hasard nécessaire, de cette association saugrenue des victimes des morales neuves. Victimes, elles le sont et de tous les codes.

D'abord de la loi des guerriers, du mariage tel que le conçoivent princes, barons ou chevaliers ; laissées pour compte, répudiées pour leur stérilité, abandonnées pour de plus belles alliances : Agnès, que son mari découvre soudain être sa cousine, s'abritant derrière la langue des clercs pour arriver à ses fins. Mais voici qu'elles s'éveillent à d'autres aspirations. Elles fuient des maris par trop brutaux, grossiers, inconstants. Elles ont soif de mysticisme, elles brûlent pour le fascinant apôtre : Ermengarde, Raingardis, qui ne savent comment se débarrasser de leurs maris ; Philippa, qui ne souffre plus la polygamie du duc d'Aquitaine. A l'image de Pétronille, elles nourrissent d'autres ambitions que d'échapper à la coupe de leur père pour tomber sous celle de leur mari et d'échapper à la coupe du mari pour retomber sous celle du père. En second lieu — et ces cas-là sont moins visibles car ils concernent surtout de plus humbles — elles tombent victimes du nouveau combat mené par l'Eglise : elles se découvrent soudain immorales, incestueuses ou concubines dans des liens qui leur paraissaient jusque-là naturels. C'est le cas d'Agnès ou de Bertrade, mais de combien d'épouses de rang inférieur, de femmes de prêtres touchées par les prescriptions grégoriennes, de servantes engrossées, de pucelles faciles, expulsées vers Fontevraud pour cacher un état désormais illégitime ? C'est là sans doute que se recrutent ces jouvencelles qui, selon Marbode, accouchent dans leurs cellules ou, pire, fuient la troupe de Robert à son tour pour accoucher dans les bois, prises de panique et d'une honte neuve.

∴

Au temps de l'errance et des débuts de Fontevraud, les femmes vont pêle-mêle, mêlées aux hommes, mêlées entre elles, quels que soient leur statut et leur naissance ; au grand dam de Marbode et de ses amis. Vient un temps — est-ce l'effet des critiques et des pressions ? — où Robert s'abandonne à la classification, séparant les sexes, divisant la troupe des femmes ; en deux parts, semble-t-il, puisque deux établissements les accueillent. Cette répartition, nous l'avons dit, fait problème. Il faut lire de près la *Vie de Robert* pour qu'il en livre lui-même la clef. Sur son lit de mort, il évoque Fontevraud : là sont ses prêtres et ses laïcs, là sont aussi les saintes vierges, les veuves et les continentes. Il suffit de laisser associés les derniers termes féminins pour ranger ces trois états en deux catégories : les vierges et les autres. Catégories morales, ainsi Robert les a-t-il voulues : celles qui n'ont pas approché les hommes et celles qui les ont connus. Les vierges claustrales et les converses laïques, c'est bien entre ces deux catégories que Robert hésite pour désigner l'abbesse. Les premières, recluses dans le Grand-Monastère voué à la Vierge par excellence, s'enrichissent sans cesse des filles de famille offertes à Fontevraud par des pères désireux de ne pas payer trop de dots. Les secondes vivent à la Madeleine : Hersende, Pétronille, Agnès mais aussi femmes de prêtres, épouses de seconde main, femmes faciles, prostituées. Encore de quoi déplaire.

« Il repartit sa famille en la façon suyvante, à sçavoir mettant au grand Moustier plus de trois cens de ses filles qu'il sçavait estre vierges : et le reste du sexe féminin, il mist au Prieuré de Saincte Marie Magdelene : duquel, par le conseil d'aucuns, il tira puis apres les femmes qui avoient esté mariées et vescu sans reproche avec leurs espoux terrestres, à fin qu'elles vesquissent avec les vierges : de façon qu'audict Prieuré ne demeurerent qu'environ cent ou six vingts femmes. »

Ce témoignage vient d'un auteur du XVIe siècle, Yves Magistri. Sans doute est-ce à Fontevraud même qu'il a recueilli le souvenir de cette migration sur laquelle les autres sources font silence. Témoignage lumineux : nous comprenons à le lire pourquoi, depuis le début, la répartition des femmes entre leurs deux établissements était entourée d'ombre. A Fontevraud, sous le coup de nouvelles pressions, la hiérarchie reprend ses droits. A des catégories morales se substitue une ségrégation sociale. Car, à lire entre les lignes de Magistri, on comprend que les nobles gagnent le Grand-Moutier, délaissant les prostituées peut-être, les humbles surtout, à la Madeleine ; opération difficile à justifier dans la troupe des « *Pauperes*

Christi ». Le souvenir arrange bien les choses : des filles de joie et de grandes dames. La prostitution légitime la ségrégation sociale, elle lui donne son habillage moral. Cela évite d'avoir à avouer que les riches n'ont pas voulu plus longtemps vivre parmi les pauvres. Par corrections successives, l'ordre est retombé.

Notre curiosité n'est cependant pas satisfaite sur un point : de ces femmes recueillies, attirées, lesquelles le maître chérit-il, lesquelles brime-t-il ? Il n'est en tout cas pas bien difficile de deviner d'où vient à Geoffroy cette plainte. Robert encourage les matrones à mépriser leur noblesse ; pour plus de sûreté, il commence par les mêler au tout-venant. Leur orgueil doit en pâtir. Geoffroy de Vendôme est leur parent, leur allié, cousin germain de Pétronille de Chemillé. Il se fait, comme le pense J.-M. Bienvenu, le porte-parole des femmes de son monde. Je me demande même si ce n'est pas Ermengarde de Bretagne qui dénonce à l'abbé de Vendôme les mauvais traitements subis lors de sa brève retraite de 1106, en réponse aux reproches que lui fait Geoffroy d'avoir déserté l'état monastique. Si cependant une unique catégorie de religieuses avait supporté les rebuffades, pour quoi Geoffroy ne l'aurait-il pas nettement désignée ? Mais peut-être les humeurs de Robert ne semblent-elles obéir à aucune loi, variant de l'une à l'autre. Et même, ne l'imagine-t-on pas avec une Ermengarde, une Bertrade, tour à tour sévère et tendre ?

A force de chercher à qui vont faveurs ou brimades, on s'éloigne de Robert et on perd de vue une évidence : le fondateur de Fontevraud entretient avec les femmes de son entourage des relations fondamentalement ambivalentes, balançant sans cesse entre deux pédagogies extrêmes, la férule ou la caresse. De cette ambivalence, Geoffroy se fait le miroir, en réfléchissant une image inverse lorsqu'il tente successivement de dissuader Robert de la familiarité et de la rigueur : « C'est par la femme que le péché est entré dans le monde et c'est par elle que tous les hommes périssent... » « Le sexe féminin est très fragile et délicat et, à cause de cela, il faut le régir plus par la douceur de la pitié que par une sévérité excessive, afin qu'il ne soit pas enfoncé dans une trop grande tristesse. » Une fois encore — ici de manière frappante — accusateur et accusé parlent la même langue.

Pour savoir quelles images de la femme peuplent l'esprit de Robert, à défaut de ses confidences, on peut sûrement se tourner vers les imageries que Marbode et Geoffroy nous proposent, vers leurs bestiaires. Le défenseur du sexe faible, le « chevalier errant du monachisme » n'échappe pas à la loi de son temps.

Des femmes, d'abord, il a peur ; comme tous les mâles ses semblables, clercs ou laïcs. Pour les clercs, elles sont d'autant plus terribles qu'ils les imaginent de loin. Mais les laïcs qui les côtoient les tiennent en même temps assez à l'écart pour qu'elles leur restent mystérieuses et redoutables : ensorcelleuses, empoisonneuses en puissance, rusées comme le Diable. Pour les uns et les autres, elles sont en effet l'émanation de Satan. Ecoutons Geoffroy de Vendôme, dans une autre épître : « Ce sexe détestable a empoisonné notre premier parent, qui était aussi son mari et son père ; il a étranglé Jean Baptiste, livré le très courageux Samson à ses ennemis ; d'une certaine manière, il a même tué notre Sauveur puisque, si sa faute ne l'avait pas exigé, Notre-Seigneur n'aurait pas eu besoin de mourir pour nous... Malheur à ce sexe en qui n'est ni crainte, ni pudeur, ni amitié, qui doit être plus craint lorsqu'on l'aime que lorsqu'on le tient en haine. » Aux yeux de Robert, la femme est semblable à l'image que s'en forme Marbode, tête de lion, queue de dragon, corps de feu ; et c'est bien pour cela qu'il choisit, comme le plus périlleux des supplices, d'aller s'exposer à sa flamme.

Dans leurs esprits, une autre force déjà est à l'œuvre, plus souterraine, qui tente à grand-peine d'exorciser ces chimères. Marbode, Geoffroy, et Robert sans doute, puisent dans les matériaux épars de leur culture pour tenter de refouler la dévorante figure d'Eve. Marie semble la meilleure antidote à la femme vénéneuse. Geoffroy lui voue un culte passionné. Marbode lui écrit des poèmes et c'est vers elle qu'il se tourne pour confesser ses fautes, sûr de trouver sur son sein réconfort et pardon. Robert lui consacre le plus important des établissements de Fontevraud. Une autre figure se dessine, floue encore, polymorphe : Marie la pécheresse, ou Madeleine. Geoffroy, l'espace d'un sermon et d'un hymne, oublie ses rancœurs contre les filles d'Eve pour célébrer Marie-Madeleine. Robert lui dédie l'autre demeure féminine de sa fondation. Les auteurs classiques latins sont mis aussi à contribution lorsque Marbode s'adresse aux grandes dames, Ermengarde de Bretagne, la reine Mathilde ; tandis qu'il puise dans les *Proverbes* lorsque, à la suite de son terrible chapitre sur la « *meretrix* », il chante les vertus de la « *matrona* » : quel plus grand trésor qu'une bonne épouse ? Et puis, par-delà tout ce fatras qui tente de faire du neuf avec du vieux, le geste de Robert. Dans les bois, au temps de l'errance, on l'imagine, contre les femmes, serrant les dents, comme sur le gril. Ce n'est plus cela qu'évoque Geoffroy, mais la familiarité, une douceur balbutiante et la parole qui reprend en elle-même confiance, les entretiens qui n'en finissent plus.

∴

Robert d'Arbrissel est décidément parti loin de la Bretagne, de cette terre où il a germé, où longtemps il a rêvé de revenir, comme un accomplissement mais dont il ressent maintenant lui-même l'âpreté : « Tu vis parmi des hommes barbares et incultes », écrit-il à Ermengarde en exil d'Anjou. Il a suivi le chemin inverse. Cessant de jouer l'éternel retour, il est allé sans entrave, coupé de ses racines, où ses pas l'ont porté. De son départ de la Roë à son établissement à Fontevraud, il a basculé de l'extrême nord à l'extrême sud de la province angevine. Là-bas, il touchait à l'Armorique ; ici, il regarde vers le Poitou, vers l'Aquitaine ; ces deux pays où règne Guillaume, comte et duc.

Plusieurs fois déjà, il a croisé les brisées de Robert. Qui est-il ? VIIe comte de Poitiers et IXe duc d'Aquitaine du nom, il l'est par sa naissance, prenant en 1086, à moins de quinze ans, la double succession de son père quoiqu'il soit, lui aussi, un Guillaume le Bâtard. Entre 1089 et 1091, il épouse peut-être Ermengarde d'Anjou, puis la répudie. Il reprend femme : la veuve du roi d'Aragon, Philippa-Mahaut de Toulouse, ce qui lui donne des appétits sur le comté toulousain. En 1101, il se croise et part se porter en renfort des jeunes royaumes d'Orient. Il accumule les déboires, embuscades, tempête, revient défait à Poitiers. Alors, il est pris d'une sorte de frénésie, s'affichant avec ses maîtresses, narguant l'Eglise, braillant des paillardises, lançant son *gab,* son défi vantard, pour ces joutes d'un autre genre :

Je sais sur un coussin
Jouer à tous les jeux ;
J'en sais plus qu'aucun de mes voisins,
tel que vous me voyez.

J'ai pour nom « maître infaillible » :
Jamais mon amie une nuit ne m'aura
Qu'elle ne me veuille le lendemain.
Je suis, je m'en vante, de ce métier
Si bien instruit
Que je puis en gagner mon pain
Sur tous les marchés.

Comme si, par cette virilité débridée, il tentait d'oublier sa défaite. Ainsi faisant, il s'en prépare d'autres. Les femmes d'Aquitaine et de Poitou, d'Anjou et du Toulousain aussi, sont peut-être plus libres qu'ailleurs, habituées au raffinement des cours méridionales, de plus de poids dans les dynasties. Guillaume voit tour à tour son ancienne épouse et la nouvelle regarder vers Fontevraud, vers l'apôtre qui trouve, pour leur parler, des accents inconnus. Il est ébranlé et se défend, mal ; menaçant de brûler sur les tisons celle qui se détourne d'un loyal chevalier pour aimer un moine ou un clerc :

Domna fai gran pechat mortal
Que no ama cavalier leal
Mas s'ama o monge o clergal,
Non a raizo :

Per dreg la deuri'hom cremar
Ab un tezo.

L'historien Reto R. Bezzola, cherchant les origines de la littérature courtoise, estime décisive cette rivalité entre Robert et Guillaume, le clerc et le chevalier, pour gagner les faveurs des nobles dames. Plus d'un indice conforte son hypothèse. Le chroniqueur Guillaume de Malmesbury rapporte l'étonnante fondation du duc d'Aquitaine :

« Dans la châtellenie de Niort, il construisit une habitation à l'image d'un petit monastère, disant dans son délire qu'il fondait une abbaye de prostituées ; répétant qu'il allait instituer telle ou telle abbesse ou prieure, ou telles autres officiales, selon que serait plus fameux leur art de courtisanes. »

Il y a de fortes chances que Guillaume ait voulu, comme un nouveau défi, comme un pamphlet d'accusation aussi, donner à Fontevraud sa réplique sacrilège. Enfin, après ces efforts en tous sens, vains sans doute, il trouve sa voie. Selon R. Bezzola, il choisit de rivaliser par une sorte de mysticisme mondain avec le mysticisme de Robert. Alors, il mérite son surnom de « premier troubadour » :

Vous êtes plus blanche qu'ivoire,
C'est pourquoi je n'adore nulle autre.
Si sous peu je n'obtiens secours
Pour que ma bonne dame m'aime,
Je mourrai, par le chef de saint Grégoire,
Si elle ne me baise en chambre ou sous la [ramée.

Notre amour va ainsi
Comme la branche de l'aubépine :
Elle est sur l'arbre, tremblante,
La nuit à la pluie et au gel ;
Mais le lendemain le soleil resplendit
Sur les feuilles vertes du rameau.

Marbode, Geoffroy, Guillaume, Robert, l'un l'autre s'éclairent. Même peur, même désir pour la femme-flamme, et quelque chose d'autre, qui n'a pas encore de nom.

4.

VISAGES

ELLES étaient chimères. Elles ont pris corps. C'est dire que manque l'essentiel : les visages, le jeu des regards qui s'entre-dévisagent, définissant plus qu'un contour ou la géographie des traits, l'irremplaçable singularité de chaque être. Des deux *Vitae,* à grand-peine, nous avons exhumé trois prénoms féminins : Hersende, Pétronille, Agnès ; rien de plus. Pour le reste, ces femmes qui se pressent à l'appel du maître sont masses anonymes, aliments pour le bûcher de l'ordalie, recrues pour la milice des moniales. Indistinctes.

Il faut faire appel à des pièces moins connues du dossier pour que ces silhouettes se précisent, que ces formes s'animent, que ces cohortes se disloquent et se fragmentent en êtres vivants. Quatre rencontres ; elles datent, croyons-nous, des dernières années de la vie de Robert d'Arbrissel. Au terme d'un long trajet, elles signalent son apaisement. Elles l'exigent aussi ; car il doit un instant s'oublier, oublier de se haïr, de se punir, de s'éprouver, pour s'abîmer dans l'échappée de ces visages qui s'ouvrent et s'offrent à lui. Est-ce un hasard si la première de ces rencontres, dans la chaleur d'un bordel, le met aux prises avec des femmes qui, pour avoir depuis longtemps vendu leur corps, ne possèdent plus en propre que leur regard, parce qu'il n'a pas de prix ?

∴

« Un jour, de passage à Rouen, il entra dans un lupanar et, s'asseyant près du foyer pour se réchauffer les pieds, il est entouré par les prostituées pensant qu'il est venu pour forniquer. Mais il leur prêche les paroles de vie et leur promet la miséricorde du Christ. Une des prostituées, qui commandait aux autres, lui dit : " Qui es-tu, pour parler ainsi ? Tiens pour sûr que, depuis vingt-cinq ans que je suis entrée dans cette maison pour perpétrer des crimes, jamais personne n'est venu en ce lieu pour parler de Dieu ou pour nous faire espérer Sa miséricorde. Pourtant, si je savais que ce que tu affirmes est vrai, je te jure, par le Christ que j'ai lassé d'innombrables péchés, que j'y renoncerais volontiers ! " Robert lui répondit : " *Confiance, ma fille,* et ne désespère pas de Sa miséricorde. Car, si tu renonces au péché et que tu suis mes sains conseils, tu obtiendras sans aucun doute la miséricorde de Dieu. " A ces mots, la prostituée tombe à l'instant à ses pieds, avec d'autres qui habitaient là. Elles lui promettent de renoncer à leurs péchés et de faire pénitence par leurs œuvres. Aussitôt le saint homme les conduisit de la cité au désert pour continuer avec elles son chemin dans la joie et il se fit un plaisir de passer sous silence le bienfait de cette action... »

Texte étonnant d'audace et de vie, mais d'une authenticité incertaine. Il commence dans le vague — « un jour » —, se termine sur des points de suspension, l'espace d'une échappée sur les entrailles du lupanar et, déjà, le voile retombe. Nous ne possédons pas de manuscrit de cette source. Elle nous est transmise par deux érudits du XVIIe siècle qui l'éditent en latin dans leurs histoires de Fontevraud, coupée de tout contexte, au milieu d'un fatras de pièces hétéroclites. L'un la date du XIIe siècle, l'autre de 1210 ; aucun des deux n'en connaît l'auteur. Quel crédit accorder à ce témoignage ? Dans une brève introduction, le plus disert des deux érudits, le mieux renseigné sans doute, prétend avoir reçu une copie du texte directement tirée de l'original, un manuscrit de l'abbaye des Vaux-de-Cernay ; il ajoute que son rédacteur est certainement contemporain de Robert. La piste est mince, mais elle permet pourtant d'échafauder quelques hypothèses.

En 1118, dans un bas-fond de la vallée de Chevreuse, une petite légion de moines fonde l'abbaye des Vaux-de-Cernay. Ils sont disciples de Vital de Savigny. Cet ami de Robert, autre prince des ermites de l'Ouest, a lui aussi fondé une congrégation monastique, en Normandie, et cherche à essaimer vers de nouvelles contrées ; d'où l'arrivée en Ile-de-France de cette équipe issue de la maison mère. Vital, Robert, Bernard de Tiron ont maintes fois parcouru de concert les provinces de l'Ouest pour appeler les foules à la conversion. Que leurs pas les aient un jour portés vers Rouen, qu'un de leurs disciples ait vu ou recueilli la scène où s'illustre Robert, ce n'est pas invraisemblable. Il faut alors imaginer ce disciple témoin rangé aux ordres de Vital, puis quittant Savigny pour les Vaux-de-Cernay. Avant sa mort, il consigne les exploits les plus glorieux dont il a été témoin au temps de sa jeunesse, alors qu'il suivait sur les chemins de l'errance ces athlètes d'un âge révolu. L'hypothèse se renforce lorsqu'on lit dans la *Vie de Vital de Savigny* qu'il œuvrait lui aussi pour arracher les prostituées à leur « infâme commerce ». Pour gagner leur confiance, il les appelait « du doux nom de filles » et leur prodiguait de « suaves caresses ». Si nous avions précédemment mis en doute que toutes les filles repenties réfugiées à Fontevraud fussent des prostituées, ici il est clair pourtant que les recrues de Vital comme celles de Robert sont bien des professionnelles. Chez les deux amis, même soin des filles perdues, même douceur pour les apprivoiser, même appel à une vie nouvelle.

Aucune étude systématique ne nous informe de l'importance de la prostitution aux XIe et XIIe siècles. On la pressent considérable. On peut se demander si ce ne fut pas une des fonctions primordiales des villes médiévales renaissantes que d'offrir leurs mauvais lieux aux hôtes de passage et aux campagnes d'alentour. Ainsi en témoigne notre texte : Robert pousse la première porte venue pour trouver un peu de chaleur ; c'est un bordel ! Toute la scène est empreinte d'un naturel qui incite à croire en son authenticité : ce foyer où le pénitent cherche à réchauffer les pieds nus qui signalent en principe son état, la confusion des femmes qui le prennent pour un client, les dialogues qui se croisent, les verbes qui passent au présent dès que l'action se précise ou se précipite ; tout cela sonne vrai.

Ce texte réaliste, croustillant, crépitant de vie est pourtant un centon, un *patchwork* composé d'extraits de sources antérieures. Deux fils directeurs au moins s'y entrecroisent, le *Nouveau Testament* et les *Vies des Pères de l'Egypte,* qui fournissent au rédacteur la trame et la chaîne de son texte. Voici d'abord un très court récit venu d'Orient, qui devait inspirer Anatole France et Massenet. Pour sauver la pécheresse Thaïs, Pafnuce prend un habit séculier, se rend chez elle et la paie comme s'il voulait avoir commerce avec elle. Mais c'est bien sûr pour l'exhorter à la pénitence. Il l'arrache au vice et la tient enfermée trois ans dans une cellule dont il scelle la porte avec du plomb. Dans un autre extrait de la « matière d'Egypte », un moine d'Alexandrie fait la liste de toutes les prostituées de la ville. Tour à tour, il va chez chacune d'entre elles et leur dit : « Donnez-moi cette nuit et ne forniquez pas ! » Dans un coin, il veille en prières. Mais aux yeux du monde, il entretient la confusion, disant haut et fort : « Je m'en vais, car telle ou telle femme m'attend. » Et à ceux qui se scandalisent, il réplique : « N'ai-je pas un corps comme tout le monde ? Les moines ne sont-ils pas des hommes comme les autres ? Mêlez-vous de vos affaires ! » L'entrée de Robert au lupanar, mélange d'audace et de provocation, trouve donc son modèle littéraire auprès des Fous de l'Egypte. La conversion des prostituées capte sa source plus en amont encore, dans ce passage des *Evangiles* où une pécheresse tombe aux pieds du Christ, les arrose de ses pleurs, les sèche de ses cheveux, les couvre de baisers, les oint de parfum. En tombant aux pieds de leur hôte, les filles de Rouen renvoient à cette scène. De même, la miséricorde promise par Robert est copie conforme de la remise des péchés alors opérée par le Christ ; tandis que l'apostrophe « Confiance, ma fille » reproduit les paroles du Seigneur à l'hémorroïsse. Il n'est jusqu'aux lieux qui ne soient eux aussi reflets littéraires. Pour passer de la perdition au salut, il faut quitter la cité pour le désert. Quelle cité ? Rouen, ville réelle, ou ville symbolique, « Babylone la Grande, la mère des répugnantes prostituées de la Terre » dont l'Apocalypse annonce l'imminent châtiment ?

Ainsi disséqué le texte du lupanar de Rouen semble perdre tout relief et toute vie : une pure construction littéraire, un ravaudage de lieux communs ; de quoi faire un récit édifiant propre à tirer de leur torpeur, au détour d'un prêche, des auditeurs assoupis, mais rien de bien authentique sur Robert d'Arbrissel.

Episode historique ? Construction littéraire ? Là où nous voyons une claire alternative, le Moyen Age ne discerne pas nécessairement de contradiction. C'est que texte et vie entretiennent à cette période des rapports inverses à ceux que nous leur assignons. L'écriture, croyons-nous, a pour fonction de relater plus ou moins imparfaitement ce qui est arrivé. Elle clopine derrière le cours des choses, toujours à sa traîne, pour tenter de le consigner. A défaut, elle nous entraîne dans un autre univers, celui de la fiction. Pour la pensée médiévale, jusqu'à l'époque de Robert tout au moins, les mots, non contents d'énoncer les choses, en sont la seule réalité. Dieu a créé le monde en le disant. Le Verbe dicte l'événement.

Cette vérité, que répètent à l'envi les maîtres des écoles, les *Vies* des saints ont pour fonction de l'accomplir à chaque page. C'est bien là l'ambiguïté féconde du terme *Vita,* tout à la fois écrit et existence. Car la vie du saint est un texte tissé de multiples textes antérieurs que le saint réanime ou qui, plutôt, l'animent à chaque pas puisque l'écriture est source de vie. Cette vérité philosophique, dont les esprits des clercs sont tout entiers pénétrés, devient nécessairement vérité psychologique.

Aussi n'avons-nous pas à systématiquement douter de l'historicité d'une scène quand bien même elle semble composée de réminiscences littéraires. Lorsque Robert entre, par hasard peut-être, dans un bouge de Rouen, pétri des Pères du désert, il ne peut qu'incarner ce que lui dicte l'exemple de Pafnuce. A moins qu'il ne soit entré par défi, pour être couvert d'opprobre, comme le moine d'Alexandrie. En ce cas, modèle et imitateur n'ont-ils pas tous deux à l'esprit, à sept ou huit siècles de distance, la même phrase de l'Apôtre : « Oui je me complais dans mes infirmités, dans les outrages, les détresses, les persécutions, les angoisses endurés par le Christ ; car lorsque je suis faible, c'est alors que je suis fort. »

Tout saint rappelle les vertus d'un saint antérieur et tous tentent de revivre les vertus du Christ, creuset dont ils sont tous issus et dans lequel tous iront se confondre. En dernière analyse, il est le lieu commun de toute l'hagiographie qui ne peut donc être, par nature, qu'une littérature de lieux communs. Chacun des Fous de Dieu trouve en Egypte plus fou que lui et aucun n'égale la Folie de la croix. Tel un Père du désert, tel le Christ, Robert ne récite pas pour autant un rôle. Il ne joue pas, il ne se déguise pas en un autre. Il célèbre ; comme le prêtre célèbre le mystère de la messe.

A Rouen, je crois que ce qui est raconté s'est produit. Mais le scribe qui en témoigne, parce qu'il a vu la scène ou parce qu'on la lui a rapportée comme sûre, est lui aussi soumis à la toute-puissance du Verbe. Relater l'événement, cela consiste dans son esprit avant tout à entrer en résonance avec les textes antérieurs qu'il sent l'avoir dicté. Peut-être dans telle phrase du dialogue, dans telle attitude va-t-il un peu forcer le trait pour mieux conformer son héros au Christ ou la courtisane à la pécheresse aimante de l'*Evangile.* L'accuserons-nous d'infidélité à la vérité ? Non, il est persuadé au contraire de la redresser, de la dresser plus haut encore. Après avoir rappelé que Vital de Savigny prenait soin d'extirper les prostituées de leur turpitude, son hagiographe révèle le moteur de son action, qui ne peut être autre que l'accomplissement de l'Ecriture : « Par le témoignage de l'Evangile, nous savons que *publicains et pécheurs étaient accueillis par Notre-Seigneur,* que les possédés étaient guéris et les malades libérés de leurs infirmités. Et nous savons maintenant que, par la sollicitude de ce serviteur du Christ, les pécheresses étaient arrachées au détestable gouffre de leur maudit ouvrage et étaient rendues par son instance et ses conseils à la chasteté conjugale. Car celui qui soulageait jadis ces souffrances par lui-même, aujourd'hui agit par son serviteur. »

Littérature en abyme, l'hagiographie fait plus d'une fois désespérer de lui sous-tirer une biographie. Une *Vita* semble monter en épingle un personnage singulier ; elle est en fait la plus radicale négation de l'individu. Au sens où nous l'entendons aujourd'hui, l'individu n'existe pas avant l'automne du Moyen Age. Jean Scot Erigène, fleuron de la renaissance carolingienne, le répète après Denys l'Aréopagite, celui du moins qui s'est paré de ce nom pour mieux rester anonyme : l'univers est une cascade de lumière qui, de l'Incréé se diffuse sur les créatures célestes et terrestres. Nul mortel ne brille de son propre éclat. Vasque et miroir ; la lumière qu'il reçoit de l'Un, vers l'Un il la réfléchit dans l'incessant élan de la louange. Que puis-je saisir de Robert dans ce va-et-vient ? L'entreprise même a-t-elle un sens ?

Aucune *Vie de saint* pourtant n'est l'exacte réplique de l'Ecriture où toutes trouvent leur principe. Par rapport au Christ, chacun des athlètes de Dieu est légèrement excentré ; de cette excentricité qui pousse Simon-Pierre à être crucifié tête en bas. Des saints antérieurs, chaque nouvel élu ne retient que quelques parrainages ; ainsi se dessinent des lignées spirituelles qui peu à peu divergent de leur commune origine. En outre, dans le savant assemblage de morceaux choisis qui composent une *Vita,* toujours il y a un peu de jeu, d'infimes déplacements, de légères ratures. Mesurer l'excentricité du saint, reconnaître ses filiations et dans le même temps saisir par où il s'en démarque, profiter d'une couture mal jointe, d'une reprise trop lâche dans le *patchwork* bigarré du texte hagiographique, telles sont nos meilleures chances de flairer ce qui est maintenant, selon le mot fameux de Marc Bloch, l'objet de notre quête : la chair humaine.

Lorsque Thaïs a renoncé à la luxure, Pafnuce l'enferme dans une cellule plombée ; seule une petite fenêtre permet qu'on lui passe du pain et de l'eau. « Où voulez-vous, père, que je répande le liquide que la nature rejette ? — Dans votre cellule, répond-il, comme vous le méritez. » Et lorsqu'elle lui demande comment adorer Dieu dans sa retraite : « Vous n'êtes pas digne de prononcer le nom de Dieu, ni d'avoir sur les lèvres le nom de la Trinité, pas plus que d'élever vos mains au ciel, puisque vos lèvres sont pleines d'iniquité, vos mains pleines d'ordures. » Trois ans de réclusion viennent enfin à bout de l'expiation. A l'époque de Robert, les pénitentiels carolingiens ont encore cours qui, pour chaque type de faute, indiquent avec une extrême précision le nombre de jours ou d'années de jeûne propres à obtenir la rémission. Pafnuce s'y serait parfaitement reconnu. Robert ne condamne pas les brebis égarées à la mort au monde, « il leur prêche les paroles de vie et leur promet la miséricorde ». Quatre fois dans sa bouche, dans la leur, le terme revient : miséricorde ; et l'espoir aussi, à deux reprises. Le visiteur ne demande pas à ces femmes de faire pénitence, ce sont elles qui le promettent, par surcroît.

Lorsque Pafnuce se demande s'il convient de libérer Thaïs, un long procès s'engage sous l'autorité d'Antoine, père des ermites, assisté de Paul de Thèbes. Il ne faut rien moins que l'intervention d'un ange du Seigneur pour fléchir cet aréopage. Ce n'est pas de trois ans de pénitence que délivre Robert, mais d'un quart de siècle de servitude. « Depuis vingt-cinq ans que je suis entrée dans cette maison pour perpétrer des crimes, jamais personne n'est venu en ce lieu pour parler de Dieu. » Double étonnement de la courtisane : qu'on lui parle de Dieu mais, plus encore peut-être, qu'une parole à elle s'adresse. Jacques Lacarrière a fort justement caractérisé la conversion de Thaïs : « un mythe d'avant la Grâce ». C'est bien celle-ci qui envahit le lupanar de Rouen, pareille au souffle du printemps.

Toute innovation, dans la Tradition chrétienne, est comme le retour du printemps, une résurgence. Sans que son nom soit prononcé, toute la scène du lupanar est vouée à Madeleine. Sous l'identité de Marie de Magdala, l'exégèse catholique a réuni diverses figures des *Evangiles* : elle est la pécheresse anonyme qui, à Béthanie, vient parfumer la tête ou les pieds de Jésus chez Simon le Pharisien ; selon Jean, il faut alors la confondre avec Marie, sœur de Marthe et de Lazare le ressuscité, celle qui a choisi la bonne part parce qu'elle s'abandonne à la conversation du Seigneur ; il ne reste plus qu'à l'identifier à Marie de Magdala qui, avec les saintes femmes, trouve vide le tombeau du Crucifié et qui, la première, voit le Christ dans la gloire de la résurrection. Personnage éminent, la piété médiévale lui rend un culte fervent dès le XIe siècle à Vézelay et l'imagination du temps situe bien son importance en tentant de la fiancer à Jean l'Evangéliste. Car sa geste s'amplifie d'écrits apocryphes : voici qu'elle débarque à Marseille avec Lazare et Marthe. Son frère devient évêque de la cité, tandis que sa sœur affronte la Tarasque, monstre éponyme de Tarascon. Madeleine, après avoir pris activement part à l'évangélisation de la contrée, se retire dans un désert affreux, qui deviendra la Sainte-Baume. Elle y demeure trente ans. Ainsi se fixera la légende au XIIIe siècle.

Le rameau érémitique se greffe sur le tronc de la tradition à partir du Xe siècle pour s'épanouir au XIe ; au moment où l'Occident se met en quête d'un Christ plus humain, médite sur l'Incarnation et s'enflamme pour les Lieux saints, cadre de la vie terrestre de Jésus. De ce très long processus, de cette redécouverte d'un Dieu-homme qui trouvera son point culminant avec le *Poverello* d'Assise, le culte de Madeleine est un passage obligé : elle est celle qui a de plus près touché, enlacé le Christ. Robert d'Arbrissel unit en une scène les strates de la légende et en livre la cohérence. Il apporte le pardon, celui que le Christ accorde à la pécheresse « parce qu'elle a montré beaucoup d'amour ». Puis il entraîne les converties au désert. Mais n'imaginons pour elles ni les sévices subis par Thaïs, ni ceux-là mêmes que Robert s'infligea. Le désert de la Madeleine n'est pas une geôle pour l'expiation, mais un col, l'espace du ravissement : sept fois par jour, des anges l'enlèvent vers le Ciel pour qu'elle contemple dans sa gloire Celui qu'elle aima si fort ici-bas.

Vital de Savigny communie avec son ami dans le souci des filles perdues ; il ne partage cependant pas son audace. Les femmes qu'il arrache à leur « commerce infâme », il leur trouve un mari et, par des aumônes, rassemble pour elles une dot. Tout rentre dans l'ordre. Tandis que les prostituées libérées du lupanar de Rouen, il faut les imaginer venant grossir la troupe scandaleuse qui, la nuit, s'étend pêle-mêle dans les bois. Robert est beaucoup plus proche du Fou d'Alexandrie, celui qui ne réclamait rien d'autre des courtisanes qu'une nuit d'abstinence. « A ce que l'on rapporte, tu dis que tu t'estimes satisfait si tu empêches le péché une seule nuit. » Mais c'est Marbode de Rennes qui parle maintenant et à Robert d'Arbrissel s'adresse le reproche. Il donne la clef de l'épisode de Rouen et permet d'en mesurer la réelle audace, qui est audace de l'esprit. A la différence de Pafnuce, des pénitentiels carolingiens ou de Marbode, l'ermite ne croit pas qu'il y ait dans le péché rien d'irrémédiable, ni même rien qui permette d'en dresser une quelconque comptabilité : chaque péché est originel puisque la miséricorde divine saura en refermer la plaie et ramener la brebis égarée à l'innocence première, celle d'avant la chute. Chacun est son propre Adam et le Christ est pour tous.

Michelet, parce qu'il aimait les fusées de l'esprit et qu'il luttait contre une autre part de lui-même pour que l'homme fût « son propre Prométhée », a si fort senti la portée de ce texte méconnu que, dédaignant toute autre source, il a centré son étude du fondateur de Fontevraud sur l'unique affaire du lupanar de Rouen. Il y voit, bien au-delà de Robert, le point où bascule le sort de la femme occidentale : « La grâce prévalant sur la loi, il se fit sensiblement une grande révolution religieuse. Dieu changea de sexe pour ainsi dire. » Même si le raccourci de l'historien a donné lieu à des débordements inconsidérés, son intuition est profonde. Robert, à Rouen, a bien mis en route un mouvement dont les vibrations aujourd'hui nous atteignent, d'une modernité tout entière exprimée dans un jeu de très vieux textes. Mais sous les pièces élimées de l'habit, quelque chose a frémi, de la palpitation de la vie.

∴

« L'esprit d'orgueil est un mal ; mais les faux-semblants d'humilité sont pires. L'esprit de vaine gloire est un mal ; mais les faux-semblants de sainteté sont pires. L'esprit d'envie est un mal ; mais les faux-semblants de charité sont pires. L'esprit de cupidité est un mal ; mais les faux-semblants de miséricorde sont pires. L'esprit de gloutonnerie est un mal ; mais les faux-semblants d'abstinence sont pires. L'esprit de luxure est un mal ; mais les faux-semblants de chasteté sont pires. De tous ces maux entendus ou connus, manifestés ou dissimulés, garde-toi, servante du Christ ! Car la vertu est un juste milieu entre vices opposés. Veille à ne rien faire de trop ! Tout ce qui est de trop se change en vice. »

Cette fois-ci, Marbode de Rennes peut être fier de son élève. Ces propos sont de Robert d'Arbrissel, dans une longue lettre de direction qu'il adresse à la comtesse Ermengarde de Bretagne. Ecrite entre 1106 et 1109, oubliée jusqu'au siècle dernier, l'épître est alors éditée par Jules de Pétigny. Le récit qu'il donne de la vie romantique de cette noble dame doit être pris avec prudence. Le peu qui résiste à l'analyse suffit à nous convaincre que pareil appel à la modération n'était pas dénué d'opportunité.

Ermengarde est fille de Foulque le Réchin, comte d'Anjou, et de sa première épouse, la fille de Lancelot de Beaugency. L'enfant naît vers 1069. Elle est élevée à la brillante cour d'Angers, qu'illustrent en ce temps savants et poètes. On doit pousser la jeune fille dans le lit de Guillaume d'Aquitaine. Si union il y a, elle fait long feu pour cause de parenté. Le Moyen Age avait, on le sait, une conception fort sourcilleuse de l'inceste : les bisaïeux des deux époux étaient frère et sœur ! Cousinage au sixième degré mais les clercs étendaient l'interdit jusqu'à la septième génération (au quatorzième degré selon notre actuel mode de calcul) et les grands y trouvaient prétexte à renvoyer leurs épouses. Vers 1092, Ermengarde se trouve donc remariée à Alain Fergent, comte de Bretagne. Dès les premiers temps de leur union, elle en conçoit deux fils et une fille. Lorsqu'il part pour la Terre Sainte, de 1096 à 1101, elle gouverne la Bretagne. Les Croisades, de ce point de vue, ont très certainement accru le pouvoir des femmes dans l'aristocratie, même s'il reste le plus souvent pouvoir délégué.

Ermengarde, sa vie durant, va jouer un rôle très actif dans la direction des affaires bretonnes. La comtesse, pourtant, n'aime pas sa province. Pour une fille venue d'Anjou, « molle et sensuelle contrée » chantée par Michelet, la « pauvre et dure Bretagne » offre un bien triste contraste. Robert, dans sa lettre, en fait une description à frémir : « Les docteurs, les évêques, les abbés, les prêtres sont simoniaques, les princes iniques et ravisseurs, adultères et incestueux, le peuple y ignore la loi de Dieu. Nul ne fait le bien, nul ne dit le bien, tous vont à l'encontre de la vérité. *Il n'y a ni vérité, ni miséricorde, ni science dans cette terre. Le mensonge, l'adultère et l'homicide l'ont inondée et le sang y touche le sang.* » Il ne faut s'émouvoir qu'à moitié. Si les déboires de l'ancien archiprêtre ont pu lui inspirer le début de cette diatribe, la fin ne fait que reproduire les reproches du prophète Osée aux enfants d'Israël ! Les témoignages cependant concordent qui peignent la Bretagne sous de rudes couleurs. Marbode de Rennes avoue qu'on ne peut sortir de sa demeure, dans la ville épiscopale, sans tomber sous les coups des voleurs. Ermengarde ne saurait se satisfaire de ces mœurs brutales, elle qui a pris goût aux louanges des poètes :

« Fille du comte Foulque, ornement d'Armorique,
Belle, pure, décente, illustre, claire et fraîche,
Si tu n'étais passée aux couches nuptiales
Et de l'enfantement par les rudes labeurs,
Tu serais à mon sens la Diane-Cynthie.
Mais puisque chasteté vaut plus que mariage,
Que la virginité est d'un plus grand honneur,
Tu sembles déité parmi les épousées
Et du tout premier rang, ô toi qui es trop belle !
Mais cette beauté-là, fille et femme de prince,
Passera en fumée et bientôt sera cendre.
Ou si ton âge court, enflé par le destin,
O funeste forfait, tu seras une vieille.
On loue ton beau visage, et il est précieux,
Mais la mort ou bien l'âge en détruiront le prix.
Ton regard lumineux qui blesse l'assistance

Et ta crinière blonde en cendre tomberont.
Le renommée prétend que nulle ne t'égale,
Puissante en éloquence et habile en conseil ;
Tout cela passera pour n'être plus que fable...
Les richesses du monde à nulle ne perdurent
Allant avec le monde et tombant de sa chute.
Mais aimer Jésus-Christ et mépriser ce monde
Et être vêtements et vivres pour les pauvres,
Cela te rend belle et précieuse au Seigneur ;
Ni l'âge ni la mort n'en détruiront le prix. »

Ermengarde doit approcher de la trentaine lorsqu'un habile versificateur, familier des classiques latins — probablement encore Marbode, l'ancien écolâtre d'Angers — lui adresse cette pièce très épicurienne. Délicieuse ambiguïté : tandis que le recteur prétend enseigner à la princesse le mépris du monde, le courtisan rend un hommage appuyé à la mûre beauté de celle qui est sans doute, en terre bretonne, sa compagne d'exil. Vers 1106, elle n'y tient plus. Elle s'enfuit et se réfugie, semble-t-il, à Fontevraud. Peut-être souhaite-t-elle sincèrement, comme le dit Robert, « suivre nue le Christ nu sur la croix ». Mais il sait bien aussi qu'elle tente d'échapper à une contrée honnie et à un mari infidèle. Profitant des leçons des hommes, elle espère se découvrir un peu parente d'Alain Fergent. Hélas ! « Par la loi ecclésiastique, tu ne peux être séparée de ton mari ; tu as fait ce que tu as pu, tu as fui, l'Eglise t'a ramenée. » Robert précise les raisons de cet échec : « Tu n'as pas trouvé de témoin qui veuille fournir de preuves. » Preuves de parenté, très certainement ; généalogies qu'un savant, qu'un ancien auraient déclinées publiquement. Peut-être le comte de Bretagne a-t-il un peu obscurci les mémoires pour garder son épouse sous sa coupe.

La voilà donc revenue à la cour. Aussitôt, Geoffroy de Vendôme, qui ne manque pas une occasion de faire la leçon à autrui, la blâme de cette désertion : que s'est-elle laissée happer par « le faux bonheur » du monde, cette « créature pour qui a péri l'Auteur de la vie » ? Bien différent est le sens de l'épître que le maître de Fontevraud adresse, vers cette époque, à son éphémère pensionnaire. Il l'exhorte à rester dans le monde, unie à son mari infidèle ; à assister aux sept offices des heures canoniques, ce qu'il considère comme de « courtes prières », et à pratiquer les vertus cachées, la piété intérieure. Sur un point particulier, il se fait plus pressant : « Cherche, par tous les moyens, à obtenir la séparation de ta fille ! Sinon, garde toujours au cœur la douleur d'un acte si détestable ! » Hedwige, fille d'Alain et d'Ermengarde, a été fiancée au fils du comte Robert II de Flandre, le jeune Baudoin. La missive affirme que la jeune fille a été « livrée à la mort ». Est-ce parce que les deux promis sont parents au douzième degré, motif qui paraîtra assez grave au pape Pascal II pour casser l'alliance ? Ou est-ce à cause de la férocité de l'héritier des comtes de Flandre, surnommé Baudoin à la hache « parce qu'il portait toujours une hache d'arme dont il se servait pour faire lui-même l'office du bourreau ». Plus d'un mariage, en ce temps, avait des allures d'holocauste.

On ne sait comment Ermengarde reçut les admonestations de Robert. Il semble bien qu'elles ne suffirent pas à extirper son idée fixe. En 1112, au sortir d'une grave maladie, son mari décide de se retirer à l'abbaye de Redon. J. de Pétigny imagine qu'elle en profite pour retourner à Fontevraud, tandis que son fils, Conan, arrivé à l'âge d'homme, assure le gouvernement des Etats. Ermengarde s'apprête-t-elle alors à couler une heureuse retraite auprès de Robert ? Est-ce la mort du maître qui la délie de ses vœux ? Toujours est-il qu'elle reprend la vie de cour, participe à toutes les décisions, à toutes les assemblées. Elle gouverne en fait sous le couvert de son fils, tandis que son mari, fidèle à ses vœux, s'éteint en 1119 sans avoir quitté le cloître.

En 1130 — elle a soixante ans passés — elle rencontre Bernard de Clairvaux. Comme jadis de la parole de Robert, la voici captive de la voix puissante du grand réformateur. De ses propres mains, elle reçoit le voile au prieuré de Larrey. Une correspondance se tisse entre eux :

« Oh, si tu pouvais lire dans mon cœur cet amour pour toi que Dieu, de son doigt, a daigné y graver, tu reconnaîtrais sans aucun doute que nulle langue, nulle plume ne peuvent suffire à exprimer ce que l'esprit de Dieu a pu m'imprimer au plus profond de la moelle. *Et je suis maintenant auprès de toi par la pensée quoique absent de corps.* Mais il ne dépend ni de toi ni de moi que j'apparaisse. Tu as pourtant le moyen d'évaluer que je dis vrai, à défaut de le savoir avec certitude. Entre donc dans ton cœur et inspecte le mien : accorde-moi autant d'amour envers toi que tu t'en sens pour moi. Et si tu as la présomption de croire que tu aimes plus et que j'aime moins, ne te juge pas supérieure à moi pour croire m'avoir vaincu en charité. »

C'est lui qui écrit ces lignes qui nous déroutent et face auxquelles il faut un moment se reprendre pour les faire concorder avec la grande figure de l'abbé de Clairvaux.

Car n'a-t-il pas montré, le docteur melliflue, qu'il fallait savoir convertir l'amour-propre en amour commun, qui est compassion du prochain, et que l'amour charnel, dont il nous semble ici sentir le tremblement, s'il doit être bien vite dépassé dans les degrés de la charité, n'en est pas moins la première marche qui mène vers le mariage mystique ? En 1132, il part au loin. Alors elle s'en va pour l'Orient. Elle y passe deux ans puis revient en Bretagne et, oubliant encore ses vœux, reprend sa place auprès de son fils. En 1147, à près de quatre-vingts ans, elle meurt sur cette terre qu'elle avait jadis si fort voulu fuir.

Mais revenons à ce sermon qui l'incitait, quarante ans plus tôt, à rester dans la province armoricaine, non plus pour ce qu'il nous apprend d'elle, mais pour ce que Robert d'Arbrissel y livre de lui-même. Une fois de plus, ce ne sont pas des confidences qu'il faut attendre ici. Sur une missive qui tient en deux feuillets manuscrits, on dénombre cinquante-deux références à l'Ecriture. C'est la manière dont elles se combinent, autour de quelques pôles, qui en dit le plus long.

Dès les premiers mots, Robert se range dans le camp de la *discretio,* comme si les leçons de Marbode avaient porté. « Il y a beaucoup de clercs hypocrites, de moines, d'ermites qui, pour plaire aux hommes, simulent de longues prières pour être vus des hommes. » « Garde en tout la *discretio,* dans l'abstinence, les jeûnes les veilles, les prières. » Et proscrivant toute sévérité excessive dans les mets, le recteur ajoute : « Le royaume de Dieu n'est pas dans le boire et le manger mais dans la grâce et la paix. » Robert ne s'est pas pour autant mué en un médiocre défenseur du confort et de l'ordre social. La mesure dans les apparences n'est en effet pas un but en soi mais la condition pour accéder à la piété intérieure : « Que tu sois dans la cité, à la cour, dans ton lit d'ivoire, en vêtements précieux, à l'armée, au tribunal, au banquet, aie Dieu dans ton cœur ! » Ne pas fuir le monde, ne pas même lui faire la grâce de le mépriser, vivre dans la confiance de Dieu : « Au milieu des dignités et des honneurs, des richesses et des vêtements de soie, aux côtés de ton mari, de tes chers enfants, de tes riches parents, soupirant avec le prophète, dis : *Je suis une pauvre mendiante, le Seigneur prend soin de moi.* » La seule ascèse qu'il convient de s'infliger doit être imperceptible, souriante ; elle consiste précisément à accepter son état et, au premier chef, son mari : « Tu demeures pour un temps parmi des hommes bestiaux. Fuis leurs mauvaises œuvres dans ton cœur. » « La patience véritable est celle qui n'est vaincue par aucune fureur et qu'aucune tribulation n'ébranle. » Loin des tourments spectaculaires, nous voici revenus au cilice caché sous des vêtements précieux.

En même temps qu'il prêche la mesure, une force irrépressible entraîne Robert vers sa vieille marotte, le plaisir de l'excès. Les glissements successifs de sa pensée sont des plus significatifs. La modération est équité, l'équité est justice et il légitime donc les justes châtiments pour les criminels : « *Heureux ceux qui gardent le jugement et qui font justice en tout temps.* » Et dans l'Evangile : « *Heureux ceux qui ont faim et soif de justice.* » Et encore : « *Heureux ceux qui souffrent persécution pour la justice.* » Premier dérapage ; passant la barre, le juge serein se retrouve accusé, injustement persécuté. Au milieu des barbares, Ermengarde doit trouver refuge dans la paix de son cœur, mais pour secrètement y connaître triomphe et réjouissance : « L'Evangile l'atteste : *Vous serez heureux lorsque les hommes vous haïront, vous maudiront, vous désapprouveront et rejetteront votre nom comme maudit à cause de moi, mus par l'esprit de mensonge. Réjouissez-vous et triomphez car votre récompense sera grande dans les cieux.* (Et encore :) *Si le monde vous hait, sachez qu'avant vous, il me tenait en haine... S'ils ont appelé le père de famille Belzébuth, que ne diront-ils des serviteurs* ? » Enfin, exhortant sa destinataire à trouver appui dans le Seigneur, il enchaîne : « Car il est écrit : *Dieu flagelle le fils qu'il adopte* ; (et :) *Heureux l'homme qui est châtié par le Seigneur.* (Et dans l'Apocalypse :) *Ceux que j'aime, je les accuse et je les châtie.* »

La rencontre de Robert d'Arbrissel et d'Ermengarde de Bretagne est pour nous d'un grand profit. Pour la première fois, longuement, cet homme autour duquel nous avons déjà tant tourné s'exprime de vive voix, et ce à un moment où se sont jouées des évolutions décisives. Face aux critiques de ses censeurs, plus encore face à la fougue de sa disciple, Robert se doit d'incarner la sagesse. De son apaisement, de son établissement, il sent qu'il lui faut donner des gages. Rainaud de Martigné lui reprochait de ne pas rendre leurs épouses aux maris courroucés : renversant les rôles, il renvoie Ermengarde à Alain Fergent et c'est Geoffroy de Vendôme qui la fustige d'avoir renoncé aux austérités du cloître. Marbode réprouvait l'ascèse outrancière du vagabond : il prêche maintenant en tout la modération et se fait le chantre de l'établissement. La critique de l'écolâtre à laquelle Robert a dû sincèrement être sensible, c'est le soupçon d'hypocrisie jeté sur une humilité trop ostentatoire : l'humiliation se fera donc dans l'or et la pourpre, le martyre restera secret.

Car pour le reste, et sur le fond, le vieil ermite n'a rien renié. Le flot impétueux qui depuis toujours l'emporte, il l'a canalisé, moins tapageur, souterrain maintenant, irrésistible plus que jamais. Sous un masque souriant, se réjouir des outrages, exulter sous les coups du Seigneur et devant la désapprobation des hommes. Qu'a donc vraiment pensé Robert en recevant tour à tour les avertissements de Marbode et de Geoffroy ? Qu'il était dans l'erreur ou qu'il était l'élu de Dieu ? La sérénité que le maître propose à Ermengarde est encore terriblement tendue, empoisonnée du plaisir contenu d'un triomphe à rebours. Sur un point seulement, il semble s'abandonner à l'élan de son cœur, sans raidissement, sans calcul ; si ce n'est celui, bien prosaïque, d'attirer peut-être à lui quelques aumônes. Peu importe. Son vrai sourire, comme à Rouen, est celui de la miséricorde :

« Sois miséricordieuse à tous les pauvres mais davantage aux plus pauvres et surtout aux serviteurs de la foi qui ont quitté le monde pour Dieu. Entends le Seigneur qui dit : *Bienheureux les miséricordieux puisqu'ils obtiendront miséricorde.* Et encore : *Soyez miséricordieux comme votre Père est miséricordieux, lui qui fait lever son soleil sur les bons et les méchants et fait pleuvoir sur les justes et les injustes.* Et ailleurs l'Ecriture dit : *Il a distribué, il a donné aux pauvres et sa justice demeure dans les siècles des siècles.* Il n'est pas dit : Il a donné aux riches, mais : *Il a donné aux pauvres. L'aumône libère de la mort* et empêche l'homme de tomber dans les ténèbres... »

∴

Après le décès de la mère d'Ermengarde, les femmes se sont succédé dans le lit du Réchin. Trois, tour à tour prises et répudiées ; jusqu'à Bertrade de Montfort. En 1092 c'est elle qui part, pour s'unir à Philippe Ier, roi de France. Georges Duby a récemment retracé le conflit exemplaire qui s'ouvre autour de cette union et dont il révèle les profonds mécanismes. Le ressort de chacune des parties nous déroute, à contrepied de nos attentes. L'Eglise, à trois reprises, accable le roi de la condamnation la plus grave : l'excommunication. A Autun, en octobre 1094, le légat du pape Hugues de Die et trente-deux évêques lancent une première fois l'anathème. Un an plus tard, à Clermont, le pape Urbain II en personne prend la peine de renouveler la sentence, alors que l'occupent les grandioses projets de Croisade. Et comme le roi s'entête, une troisième fois il est exclu de la communauté des fidèles par les légats du pape, au concile réuni à Poitiers en 1100. Or, à en croire Yves de Chartres qui est présent à l'assemblée de Clermont et dont le témoignage est plus sûr, ce n'est ni pour adultère ni pour bigamie que fut condamné le couple, mais pour inceste. Et quel inceste ? Une parenté au septième degré entre le roi et le mari de Bertrade.

L'entêtement de Philippe n'est pas moins surprenant. Pour le roi plus que pour tout autre, lui qui est sacré, pasteur du royaume, pair des évêques, vivre en état de péché, être ainsi montré du doigt est une infirmité difficilement supportable. A peine entre-t-il dans une ville que les offices s'arrêtent, les cloches se taisent. Bertrade, paraît-il, ordonne un jour de briser les portes obstinément closes d'une église pour y faire célébrer la messe par des prêtres complaisants. Coup de force, coup de rage qui prouve la profonde blessure produite par la malédiction de l'Eglise. Pour soutenir ce défi, il faut que le roi se sente bien solidement campé dans son droit, sûr d'avoir noué de légitimes noces avec la fille des sires de Montfort. Georges Duby y voit l'expression d'une autre morale, rétive à celle des clercs, la morale lignagère des grands. La première épouse du roi, Berthe de Frise, ne lui a donné qu'un fils, chétif, et après neuf ans de stérilité. Bertrade, dans le lit du comte d'Anjou, a fait preuve de sa fécondité. Elle assure en effet au roi une belle descendance, trois enfants, dont deux fils. Son premier mari, d'ailleurs, n'y trouve d'abord rien à redire. Il faut que le légat du pape le secoue, le remonte, que le pape lui-même s'en mêle — lors de ce passage à Angers de février 1096 où il exhorte Robert à prêcher — pour que le Réchin, tardivement, fulmine et pense à autre chose qu'à chercher pour Bertrade de multiples remplaçantes. Coup de sang passager. En 1106, les prétendus rivaux, roi et comte, se retrouvent à la même table, Bertrade trônant entre les deux cousins.

Si les pensées des hommes sont dures à percer, celles de cette femme nous sont impénétrables. Qu'éprouve-t-elle pour l'un et l'autre de ses époux ? Comment ressent-elle les imprécations dont la poursuivent les clercs réformateurs ? En dépit des promesses formelles et réitérées du couple royal, il reste uni jusqu'à la mort. Philippe passe le premier, en 1108. Le Réchin le suit de peu, en 1109. Bertrade revient alors à Angers, auprès de son fils Foulque V ; vers cette époque où la demi-sœur du jeune comte reçoit de Robert une lettre de direction. A la suite de leurs vassaux de Montsoreau et des alentours, les comtes d'Angers ont pris Fontevraud sous leur protection. Chacune des visites comtales à l'établissement naissant est l'occasion de dons magnifiques. Les chartes nous apprennent qu'à quatre reprises au moins, Foulque le Jeune et sa mère viennent combler de biens la fondation protégée. Bertrade, de toute évidence, ne s'y rend pas en pénitente, mais dans tout son éclat, en mère chérie du comte ; mieux, en reine qu'elle n'a cessé d'être.

En 1114, elle prend le voile à Fontevraud. Royalement, là encore ; avec ses dames : sa sœur Isabelle, comtesse de Conches-Toesny, ses nièces Jeanne Payenne et Denise de Montfort ; avec ses biens : la terre de Hautes-Bruyères, à deux lieues du donjon des sires de Montfort, donnée à l'ordre avec l'accord de son beau-fils Louis VI, où se crée aussitôt un prieuré fontevriste. Elle s'y installe et, très vite, y meurt. Faut-il croire, avec le chroniqueur Guillaume de Malmesbury, que « le corps de cette femme délicate ne put supporter les labeurs de la religion » ? Ou deviner qu'elle ne fit retraite qu'*in extremis* ? Lorsqu'à l'approche de la mort — à cette époque, on ne s'y trompe pas, on la sent venir — le remords enfin la prend d'avoir bravé les interdits de l'Eglise, maintenant que s'annonce le temps du Jugement.

Robert fait grand cas de sa fugace disciple. A Noël 1115, à une époque où lui-même ne se sent plus guère vaillant, il vient s'assurer que tout est en ordre à Hautes-Bruyères et passe les fêtes de la Nativité en compagnie des moniales fraîchement installées. Une première fois, bien longtemps auparavant, il était déjà intervenu dans l'histoire de Bertrade. Le sait-elle ? C'était à ce concile de Poitiers de 1100 où Philippe Ier avait reçu son troisième avertissement. Geoffroy le Gros, hagiographe de Bernard de Tiron, en a gardé le souvenir :

« A la même époque, deux cardinaux, Jean et Benoît, légats du Siège apostolique, convoquèrent un concile à Poitiers. Cent quarante pères s'y présentèrent à leur appel et frappèrent d'anathème Philippe, roi des Francs, à cause de la femme de Foulque, comte d'Anjou, qu'il tenait en adultère. A l'annonce de cette excommunication, Guillaume, duc d'Aquitaine, qui était là, ennemi de toute pudeur et de toute sainteté, craignant de subir pareil châtiment pour de semblables fautes, enflammé d'une fureur outrancière, ordonna de tous les dépouiller, flageller, occire. Ses serviteurs commençant à mettre l'ordre à exécution, pontifes et abbés s'enfuient de-ci de-là et, pour sauver leur vie temporelle, ils s'efforcent de trouver des cachettes sûres. Mais Bernard et Robert d'Arbrissel, qui étaient au sein de ce concile, très courageux défenseurs de la justice et combattant contre toute iniquité et injustice, tandis que les autres s'enfuyaient honteusement, demeurèrent immobiles et d'une telle constance qu'ils ne renonçaient pas à l'entreprise d'excommunication et jugeaient très glorieux de souffrir pour le Christ la mort et les offenses. Et quoique leurs persécuteurs ne les mirent pas à mort, quant à eux ils supportèrent le martyre. »

Ce texte est intéressant à plus d'un titre. On note que dans ce récit tardif, en date des années 1140, l'accusation d'adultère a supplanté le péché d'inceste, signe d'une normalisation du mariage selon la morale des clercs. L'intrusion de Guillaume d'Aquitaine peut avoir deux motifs, en rien exclusifs l'un de l'autre : comme Philippe, il vit dans ce que les réformateurs appellent le concubinage et sans doute, comme l'auteur le suggère, la solidarité joue-t-elle entre ces mâles entravés dans leurs aises ; plus profondément, le roi est son seigneur et, aux yeux du vassal, il n'a en rien offensé le code de leur caste par cette union féconde, bien au contraire. Robert et Bernard quant à eux sont mis par l'hagiographe à la place d'honneur. En ce temps où le martyre est devenu un rêve lointain, quelle chance pour ces athlètes de pouvoir ainsi montrer leur détermination à le subir ! Jean-Marc Bienvenu suppose, non sans raison, que les deux amis sont au sein de l'assemblée non pas en tant que pères conciliaires, mais bien plutôt sommés de rendre des comptes sur l'exact statut des troupes qu'ils entraînent. Souvenons-nous en effet que Fontevraud n'est alors pas fondé ; ce temps est celui des critiques de Marbode. Par leur attitude courageuse, s'engageant résolument au service de la réforme voulue en haut lieu, les deux suspects sont peut-être en train de conquérir l'indulgence de leurs juges.

Ce qui pose question, mais par là nous éclaire sur la place exacte de Robert au sein de cette crise morale qui secoue l'Occident, c'est la mise en regard de ces deux scènes que quinze ans séparent, puisque les sources nous imposent cette discontinuité : Robert, sous les coups et les horions, défiant la force brutale pour condamner Philippe et sa femme ; Robert accueillant dans son ordre cette même Bertrade, alors qu'ils sont l'un et l'autre au soir de leurs vies, et manifestant pour elle la plus grande sollicitude. Dans le conflit des deux morales, l'ancien curé d'Arbrissel est sans ambage du côté des clercs, de la réforme, d'autant plus sûr d'y mener le bon combat qu'il s'est à lui-même porté les premiers coups. Mais tel est son charisme : après avoir condamné, offrir un asile, un recours, la miséricorde. Dans l'éloge rédigé à sa mort et qu'on attribue à Hildebert de Lavardin, évêque du Mans, il est dit du fondateur de Fontrevraud qu'il avait soin « d'extirper le crime, et non le criminel ». Louange de circonstance ? Peut-être faut-il, pour une fois, la prendre à la lettre.

∴

Cette série de rencontres va se clore comme elle a commencé, sur un document anonyme et coupé de tout contexte, un « miracle ». Je suppose qu'il est de la même main que la seconde *Vita* de Robert d'Arbrissel ; auquel cas il faudrait sans doute l'attribuer au frère André. Celui qui a pris la peine de le consigner n'a pu manquer d'en sentir l'importance. Le voici tel qu'il nous est parvenu, en moyen français * :

« Comme quelque jour estant en Aulvergne, en ung lieu nommé Menelay l'Abbaye, armé d'ungne ferveur de foy, [Robert d'Arbrissel] vint pour prescher en ceste abbaye. Lors les habitans du pays luy dirent que les femmes n'entroyent poinct en l'eglise et, sy en avoict aulcune qui eust presumé y entrer, incontinent mourroyt. Ce voyant, le bon serviteur de Dieu, ainsy qu'il voulut aller prescher, introduict avecque luy plusieurs femmes, oultre le vouloir de ceulx qui gardoient les portes, et leurs demonstra devant tous comment leurs mensonges estoient prophanes. Alors les portiers se prindrent devotement a

* Au besoin, voir *Glossaire*.

implorer sainct Menelay et commencerent a haulte voix crier qu'i luy pleust telle presumption, depris et injure venger.

Adoncque le sainct homme, riche d'esperit et de discretion, respondit : " Las, simples gens, ne faictes poinct en vain de telles sottes prieres ! Mais saichés que les sainctz ne sont pas ennemys des espouses de Jhesus Crist. Car ce que vous dictes est une chose absurde et la pureté de la foy catholique congnoist bien le contraire ; comme il est dit, en l'Evangile, de ceste beate peccatrice, laquelle a baisé les piedz du Redempteur, et de ses larmes lavés, et de ses cheveux tergés, et espandu l'unguent subz son tres digne chef. Et pourtant qui est celuy qui oseroyt dire qu'il y auroict aulcune eglise en laquelle ne seroict licite femme entrer, sy par ses faultes et coulpes ne luy estoict prohibé ? Qui est plus grant chose, ou le temple materiel de Dieu, ou le temple spirituel auquel Dieu habite ? Sy la femme prent et menge le corps et le sang de Jhesus Crist, pensés quelle folie c'est de croire que ne doibt entrer en l'eglise ! " Par ainsy, aprés qu'il eust manifesté la verité, cest erreur cessa et fut totallement estaincte. »

Ce miracle est un combat dont la femme est l'enjeu : échauffourée entre la troupe itinérante et les gens du lieu, lutte de saints entre Robert et Ménelay ; plus profondément et une fois encore, conflit entre deux cultures, la pensée d'un clerc éclairé et la religion populaire. Combat inégal : la vérité contre l'erreur ! Comme les femmes, le peuple toujours est muet, écrasé dans le récit et par le récit, réduit à merci en même temps qu'au silence. Quelle est donc cette tradition qui interdit au sexe féminin l'entrée d'une église ? On doit s'armer d'une patience d'archéologue pour en exhumer les filiations et en deviner le sens.

En Ménelay l'Abbaye, il faut certainement reconnaître le monastère de Menat, en Auvergne. Depuis le IXe siècle au moins, on y vénère des reliques, qu'on dit être celles de saint Ménelé. Le culte suscite le besoin d'en savoir plus. Autour des ossements se tisse sans doute la légende. Au Xe ou XIe siècle, une *Vie de Ménelé* est rédigée. A l'en croire, le saint aurait vécu au VIIe siècle. Dans ce récit apocryphe et rocambolesque perce cependant une extrême défiance à l'égard des femmes. Ménelé, originaire d'Anjou, est de très haute naissance. Ainsi en est-il nécessairement de tout saint du haut Moyen Age. Son père veut le marier à la fille du seigneur Barontus, mais en secret l'adolescent a fait vœu de chasteté depuis l'âge de sept ans. Il s'enfuit donc à quelques jours de son mariage. Dans la vallée solitaire de Menat en Auvergne où il s'est réfugié, il rencontre Théofrède, moine de l'abbaye de Chaumillac, lequel entraîne Ménelé dans son monastère pour l'y éduquer. Sept ans plus tard, sur l'ordre d'un ange, notre héros repart pour Menat. Mais voici qu'y surviennent sa mère, sa sœur et sa fiancée, qui l'ont cherché en tous lieux. Un ange encore apparaît, pour donner l'ordre d'installer les trois femmes résolument à l'écart. Nouvelle arrivée : Barontus, furieux, surgit sur les traces des fugitifs et tire l'épée pour occire Ménelé. Aussitôt, il tombe aveugle et ses doigts se nouent, contractés. Le saint, bien sûr, le guérit et lui pardonne en échange du don de nombreuses villas. Sur le même mode mouvementé, la fin de la *Vie* est occupée par les tourments dont la reine Brunehilde accable l'ascète. Dans ce récit très misogyne, rien cependant n'évoque clairement l'interdit rencontré au XIIe siècle par Robert d'Arbrissel.

La piste tournerait court si on n'avait glané en chemin le nom de Théofrède. Réformateur de l'antique monastère de Chaumillac, il lui laisse son nom, vulgarisé : Saint-Chaffre du Monastier, au sud du Puy-en-Velay. La *Vie de Théofrède,* qui le fait mourir en 732 martyr des Sarrasins, ne mérite pas plus de crédit que celle de son disciple ; il semble même qu'en fait, la légende de Ménelé ait inspiré celle de son maître et que cette dernière soit encore plus tardive. Un passage pourtant attire notre attention. Alors qu'il vient d'être promu abbé de Chaumillac, Théofrède prend une série de mesures pour le bon ordre de son monastère, veillant en particulier à ce que rien ne trouble la paix du sanctuaire : « Les femmes qui voulaient entrer avaient leur siège au loin, autour de la porte du temple. Et quoique certains ne tiennent pas compte de cette observance et pensent que c'est une interdiction divine d'antan, on la conservera cependant inchangée à perpétuité. » N'est-ce pas exactement l'interdit auquel se heurte Robert quelques siècles plus tard ? Nous en avons retrouvé la trace ; nous n'en comprenons guère mieux le sens.

Revenons à notre point de départ, Menat. *La Vie de Ménelé* n'est pas le plus ancien récit hagiographique qui signale ce monastère. On en trouve mention dans une source antérieure, la *Vie de saint Calais.* Rédigée à la période carolingienne, diffusée en deux versions principales légèrement différentes, elle prétend relater des faits remontant à la période mérovingienne. Or de ce récit apparemment sans valeur émergent des renseignements précieux pour notre enquête. Calais est originaire d'Auvergne. C'est à Menat qu'il fait son apprentissage monastique. Fuyant toujours le lieu où il se trouve pour répondre à l'appel du désert, il finit par fonder le monastère qui portera son nom, Saint-Calais dans le Maine. Peu de temps avant sa mort, il est soumis à une bien gênante demande. La reine Ultrogode, femme de son bienfaiteur Childebert, fils de Clovis, envoie des messagers pour lui demander d'être admise auprès de lui. Calais, comprenant le danger qu'une telle visite constituerait, lui refuse cette faveur et décrète que son monastère sera dès lors interdit aux femmes ; règle respectée jusqu'à ce jour avec l'aide de Dieu, nous dit-on. Il faut effectivement l'intervention du Très-Haut pour que cette coutume reste inviolée. C'est ce que révèle un des miracles *post mortem* de Calais. Une femme, Gunda, veut à toute force braver l'interdit. Elle se déguise en homme pour tromper la surveillance des frères et pénétrer dans le sanctuaire où repose le corps du saint. Mais au moment d'entrer, un terrible châtiment va s'abattre sur elle. Nous voilà en plein dans le vif du sujet.

Les épisodes d'Ultrogode et de Gunda nous donnent enfin une chance de comprendre les raisons de la coutume en Auvergne comme dans le Maine ; d'autant que, d'une version à l'autre de la *Vie de Calais,* s'introduisent des variantes lourdes de sens. En effet, si pour l'essentiel les deux récits rapportent bien les mêmes faits, leurs styles n'ont rien de comparable. La première version est plus rude, plus brève, son auteur dit avoir recueilli les témoignages des gens du lieu. S'il s'agit presque nécessairement d'un clerc, c'est certainement un homme de peu de culture, qui s'est fait sans sourciller l'écho des traditions populaires transmises sur des générations, de bouche à oreille. La seconde version remanie cette narration trop brute, l'enjolive, raffine, brode. Le deuxième hagiographe est bien plutôt un lettré accompli qui tente de rehausser de ces ciselures un matériau jugé trop vil.

Pourquoi l'ascète redoute-t-il la venue de la reine dans son monastère ? Dans le premier récit, il refuse de recevoir Ultrogode dans « la crainte que les esprits de ses disciples en soient en quelque manière agités » et il se contente de décréter que « le sexe féminin ne peut avoir accès, à l'avenir, à la clôture de ce monastère ». Dans la deuxième version, Calais commence par s'interroger : « Comment se fait-il que la reine souhaite tant me voir, moi qui suis... rendu hideux par la crasse des jeûnes... ? Je connais certes, je connais la chaleur violente du vieil Ennemi par laquelle il brisa, dans la douceur du paradis, la force de l'homme par l'entremise de la faiblesse de la femme. Il me faut prendre garde à l'aspect de la femme afin de ne pas être pris dans les lacs de l'Ennemi, moi qui demeure dans l'âpre désert, alors que fut séduit par sa persuasion celui qui jouissait au paradis de l'agrément de la vie et même de la compagnie divine. » C'est alors qu'il répond aux envoyés de la reine : « Tant que je serai en chair et en os, je ne verrai pas le visage d'une femme et ce monastère que, Dieu aidant, j'ai construit, ne livrera jamais accès à une femme. Car il ne convient pas que, nous qu'on croit de la famille du Christ, nous vendions notre aspect aux femmes. »

D'une version à l'autre, le jeu des regards sur le corps du sexe opposé, le jeu du désir, a pris une intensité supplémentaire. Mais surtout, un renversement des rôles s'est opéré : dans le premier récit, la tentation est dans le cœur des frères ; dans la réécriture, c'est la femme, agent du serpent, qui devient promoteur du péché. A divers degrés de misogynie, ces deux versions de la *Vie de Calais* puisent à la même source littéraire : encore et toujours les Pères du désert. Rien d'étonnant à déjà trouver ici la « matière d'Egypte ». Dès la fin du IVe siècle, écrite ou orale, elle parvient à Sulpice Sévère, l'hagiographe de saint Martin de Tours. La *Vita Martini* est le premier texte par lequel l'Occident relève le défi de l'ascétisme oriental. Cette joute n'a de cesse pendant tout le Moyen Age et au-delà. Les solitaires de Port-Royal ne baignent-ils pas dans les *Vies des Pères* traduite par Arnauld d'Andilly ? Est-ce le légendaire Calais, sont-ce ses deux hagiographes qui ont ressassé tel ou tel passage des écrits de Cassien :

« Une dame noble et vieille vint par dévotion voir l'abbé Arsène. Celui-ci fut prié par l'archevêque Théophile de se laisser voir, mais il n'y consentit pas. Cependant cette dame alla à la cellule de l'abbé, où elle le trouva devant la porte et se prosterna à ses pieds. L'abbé la releva avec une extrême indignation en disant : “ Si vous voulez voir ma figure, regardez. ” Or, cette dame confuse et intimidée ne considéra pas la figure du vieillard qui lui dit : “ Comment une femme comme vous a-t-elle osé entreprendre une si longue traversée ? Vous allez rentrer à Rome et vous raconterez aux autres femmes que vous avez vu l'abbé Arsène ; et elles viendront aussi pour me voir. ” Elle lui répondit : “ Si Dieu veut que je rentre à Rome, je ne laisserai venir aucune femme ici ; je vous conjure seulement de prier pour moi et de me conserver toujours en votre mémoire. — Je prie Dieu, lui repartit le saint, qu'il efface la vôtre de mon cœur. " En entendant ces paroles, cette femme troublée revint à la ville et prit la fièvre. Ce qu'apprenant, l'archevêque vint la consoler, mais elle disait : " Voici que je meurs de douleur ! — Ne savez-vous pas, lui répondit l'archevêque que vous êtes femme, et que c'est par les femmes que l'Ennemi attaque les saints ? Voici pourquoi le vieillard vous a parlé ainsi ; mais il prie sans cesse pour votre âme. " Elle fut consolée par ces paroles et revint chez elle... Un autre frère encore devait porter, au-delà d'un fleuve, sa mère qui était vieille ; alors il se couvrit les mains de son manteau. Sa mère lui demanda : " Pourquoi, mon fils, avez-vous ainsi couvert vos mains ? — C'est, lui répondit-il, que le corps d'une femme est un feu, et en vous touchant le souvenir des autres femmes me venait à l'esprit. " »

Ce dernier épisode fait le lien de Calais à Ménelé. N'est-ce pas dans cet esprit que le solitaire de Menat isole sa mère, sa sœur et sa fiancée du monastère des hommes ? Que ce soit dans la Thébaïde, en Auvergne ou dans le Maine, ces récits d'une profonde violence, si profonde qu'ils nous grincent encore aujourd'hui aux oreilles, ont pour but de fixer la même règle : la clôture monastique à laquelle, dès le haut Moyen Age, le monachisme occidental se rallie à l'exemple des austérités de l'Orient. Nous sommes depuis longtemps accoutumés à voir une part des hommes faire le choix de cet enfermement. Mais songeons combien il dut à l'origine bien plus paraître contre-nature. Il faut frapper fort pour l'imposer, aux hommes du dedans comme aux gens du dehors ; d'où la violence de ces récits, leur arrogance. Sans doute la légende de Calais a-t-elle ainsi gardé le souvenir de la première fois où fut proféré l'interdit dans ce coin du Maine ; à une reine, pour qu'on s'en souvienne mieux. La tradition recueillie des siècles plus tard atteste du succès de l'entreprise.

La nouvelle loi, même si elle ne vise qu'un petit nombre d'élus, agresse pourtant et brise un équilibre qui paraissait fondé sur la loi de nature : qu'hommes et femmes vivent ensemble et ensemble procréent. L'épisode de Gunda, dans ce branle-bas d'images, vient tenter d'intégrer la donnée allogène et de fonder un nouvel ordre des choses. En voici la première version, que nul n'ignore dans la contrée assure l'hagiographe :

« Une femme du nom de Gunda, qu'avait séduit l'Ennemi clandestin, voulant se jouer du Saint-Esprit, vêtue d'habits d'homme, s'efforça d'entrer dans le monastère du bienheureux Calais pour éprouver si était vraie la prédiction par laquelle il avait enjoint au sexe féminin que jamais ne lui serait donnée la faculté d'entrer en ce lieu. Mais, par un juste jugement de Dieu, avant qu'elle ne voie les entrées fermées du monastère, saisie par le diable, elle se précipita en sens inverse et elle fut accablée par lui d'une manière si odieuse que j'ai honte de la raconter. En effet, il lui enfonça la tête entre les cuisses et cela fut fait de telle sorte que, elle qui avait tenté d'imprimer ses baisers imposteurs aux demeures sacrées, honteusement déformée, était forcée de baiser les parties honteuses de son corps ; et qu'elle, qui avait voulu se vêtir d'habits d'homme, montrait au grand jour son sexe à tous ceux qui voulaient le voir. Cela arriva afin qu'ensuite les femmes n'osent plus s'assembler en ce lieu et qu'il soit évident que la prédiction du bienheureux avait été vraie. »

Réinterprétation populaire de l'interdit monastique : il bascule alors dans l'univers magique. Tabou bravé du travestissement des sexes ; tabou de la barrière invisible délimitant l'espace du sacré ; d'innombrables légendes, dans les civilisations les plus diverses, se construisent autour de ces thèmes. Plus profondément, face à l'énigmatique interdit lancé par les moines, la communauté villageoise a trouvé sa réponse, sa parade : le soupçon de culpabilité jeté sur les rapports entre les sexes par l'intransigeante chasteté des moines est tout entier déversé sur la femme. Son corps tordu est ridiculisé, sa punition est de dévoiler son sexe. La sanction est le rire, le rire gras de la farce, de la gaudriole ; plaisanteries de mâles contre le sexe inférieur, raillé comme un sexe infirme. On trouve des châtiments de ce genre dans de multiples légendes ; jamais avec une telle audace. Mais le sens reste le même. Un vent violent, par exemple, soulève les jupes de femmes voulant entrer dans le sanctuaire où repose le corps du saint. Ce rire conjure une peur et, comme toujours dans la culture folklorique, règne l'ambivalence : la peur de la profanation, de la femme qui vient se débaucher, danser ou se dénuder dans les lieux sacrés. Dans le village du Maine, la collectivité prend les devants : ce qui pourrait être geste actif de provocation devient sanction subie, le défi se mue en châtiment. Dans un cas comme dans l'autre, la foule se range du côté des voyeurs.

Le coup cependant est trop rude. La boue jetée sur la femme éclabousse en fait ceux qui la lancent : « J'ai honte de raconter », avoue l'hagiographe ! Une réécriture s'impose. Voici donc à nouveau Gunda devant les reliques :

« Comme elle cherchait à gagner l'intérieur du sanctuaire et voulait scruter avec avidité, ses yeux sont frappés d'un brusque éclair et, elle qui voulut contempler irrévérencieusement les choses interdites, elle perdit le droit de voir les objets ordinaires. En même temps aussi, pénétrée par le démon, une cavité de sa poitrine lui fit rendre soudain un flot de sang très noir par la bouche. Et coulant abondamment, elle arrosa la terre de son sang. »

Dans cette seconde version, le corps féminin n'est plus frappé de ridicule, mais d'impureté. Ce mystérieux flot de sang noir qui arrose le sol érige à coup sûr le sang menstruel en punition du Ciel, revers de la fécondité. L'interdit de Calais, puisé dans la tradition littéraire des Pères du désert pour conforter une des règles de base du monachisme, réinterprété en tabou par la tradition populaire sur le mode grotesque, trouve là une ultime réécriture, mythique, qui entre en résonance avec la malédiction d'Eve.

∴

Vers 1114, Robert d'Arbrissel s'approche de Menat. Autour du monastère repris en 1107 par des moines de Cluny, un petit village s'est accroché sur le verdoyant flanc gauche de la vallée de la Sioule. L'antique tabou, s'il a essaimé vers Saint-Chaffre et Saint-Calais s'est aussi conservé là, depuis plus d'un demi-millénaire. Inchangé : les femmes n'ont pas le droit d'entrer dans l'église. Ici la sanction est simple, radicale : la mort. Mais alors, où les habitantes de Menat vont-elles à la messe ? L'interdit aurait-il eu pour effet saugrenu de les en dispenser ? L'oratoire construit pour les femmes de la famille de Ménelé est perdu à deux lieues du bourg, un peu loin pour nos paroissiennes. Au centre du village, en considérant la vieille église romane délabrée, mutilée, restaurée en dépit du bon sens et belle pourtant, malgré tout, une particularité frappe encore aujourd'hui le visiteur : un porche immense, démesuré, du XIIIe siècle mais certainement rebâti sur un plan antérieur. La *Vie de Théofrède* donne la solution de l'énigme : les femmes doivent stationner autour de la porte ; ce vaste porche les abrite mais elles restent sur le seuil, hors du sanctuaire interdit. Un miracle d'Etienne d'Obazine révèle que, dans sa fondation, sur le versant occidental du Massif central, le même tabou a cours en plein milieu du XIIe siècle. A Menat, tout le monde communie dans la coutume. Ce sont les habitants du lieu, les villageois, qui annoncent la défense à la troupe de Robert. Ce sont les portiers, les moines sans doute, qui appellent la vengeance de Ménelé. La rigueur clunisienne en matière de clôture s'accommode fort bien de la légende folklorique. Comme d'Ultrogode à Gunda, voici reconstituée sur cet interdit l'union sacrée des traditions monastiques et populaires. Robert d'Arbrissel a affaire à forte partie.

Son premier défi aurait dû suffire à lui assurer la victoire : il fait entrer les femmes de sa suite qui ne meurent pas. Ordalie positive qui n'ébranle en rien les tenants de la superstition, tant elle est ancrée dans leurs crânes. Alors Robert parle. Et le Verbe triomphe où l'acte n'a suffi. Le propos est simple, limpide, illustré d'exemples et de références que tous peuvent comprendre ; volontiers interrogatif, comme si l'orateur voulait donner à ses auditeurs le moyen de se convaincre plutôt que de les assommer de sa conviction ; un peu rude sans doute, mais déjà les bras se tendaient pour le mettre à mal :

« Las, simples gens, ne faictes poinct en vain de telles sottes prieres ! »

A la tradition locale, à ce que l'hagiographe appelle des « mensonges prophanes », Robert oppose « la pureté de la foy catholique ». La tradition sur laquelle il s'ancre, c'est l'Evangile. La femme qui ouvre aux femmes la voie du salut, c'est Madeleine, la « beate peccatrice laquelle a baisé les piedz du Redempteur, et de ses larmes lavés, et de ses cheveux tergés, et espandu l'unguent sur son tres digne chef ».

Ne voyons pas forcément dans cet éloge des caresses un plaidoyer *pro domo*. Le maître de Fontevraud, au soir de sa vie, est bien au-delà du supplice inouï dont l'accusaient Marbode et Geoffroy. Cette phrase-ci surtout en témoigne :

« Et pourtant qui est celuy qui oseroyt dire qu'il y auroict aulcune eglise en laquelle ne seroict licite femme entrer, sy par ses faultes et coulpes ne luy estoict prohibé ? »

En reconnaissant la responsabilité personnelle face au péché, Robert pulvérise l'idée de la féminité, au sens d'une essence maligne de la femme. En la plaçant sous le patronage de la Madeleine, il la sauve doublement du péché : elle n'est pécheresse que quand elle pèche et, alors, elle a pour elle la miséricorde du Christ venu sauver les pécheurs.

La femme est reconnue comme conscience. Pourtant, Robert sent que l'obstacle le plus lourd reste à lever, l'image de ce corps sur lequel s'est acharné la vieille légende :

« Qui est plus grant chose, ou le temple materiel de Dieu, ou le temple spirituel auquel Dieu habite ? Sy la femme prent et menge le corps et le sang de Jhesus Crist, pensés quelle folie c'est de croire que ne doibt entrer en l'eglise ! »

Le tabou est balayé d'un revers de main : le corps de la femme est sacré, temple de l'Esprit, tabernacle de l'Eucharistie. Cohérence profonde de Béthanie à la Cène : la femme qui « prent et menge le corps et le sang de Jhesus Crist », est, comme la « beate peccatrice », promise à la rédemption. L'Eucharistie, comme le suggère Michel Sot, célèbre alors l'union au corps du Christ à Béthanie. Les barrières vacillent, entre conscience et chair, entre homme et femme. Ici vient de poindre un sentiment neuf, déjà plein d'assurance dans sa juvénile audace : une certaine idée de l'individu et de sa dignité. Robert renouvelle à sa manière l'antique idée : le salut est venu au monde par la femme ; en elle, il a pris corps.

∴

Un des paradoxes de l'univers mental du Moyen Age, c'est que tous les courants qui s'y succèdent, s'y croisent ou s'y affrontent, ces constellations d'idées et d'images que nous appellerions des idéologies, doivent extraire leurs matériaux respectifs de l'unique carrière de l'Ecriture et de la Tradition. Les deux images de la femme qui se heurtent à Menat découlent de la même source, celle des Pères du désert. Or, dans la spiritualité même de la Thébaïde, la fuite éperdue loin de la femme et le test de la couche partagée procèdent d'une même ascèse et n'en sont que les deux temps successifs : après l'entraînement qui fait taire le désir, le combat, corps à corps, la preuve après l'épreuve. Robert lui-même brise son corps au désert de Craon, tout comme Calais ou Ménelé dans leurs solitudes, avant d'aller affronter le feu de la chair. C'est après qu'il aborde aux terres inconnues.

Les deux miracles de Rouen et de Menat s'authentifient l'un l'autre tant le même esprit les anime, à contre-courant du discours majeur de l'époque. Tandis que l'Eglise post-grégorienne exploite tout ce que les Ecritures et la Tradition lui offrent pour monachiser ses clercs séculiers et les détacher de la femme tentatrice, entrant ainsi curieusement en résonance avec les forces obscures de la culture folklorique, Robert délivre la femme des deux images inverses de la féminité, Eve et Marie. Contrairement à ce qui s'est dit, la référence à la Vierge écrase la femme terrestre plus qu'elle ne l'élève. Vaincue d'avance par la comparaison à la fécondité virginale de Marie, elle est alors ravalée au rang d'Eve, la tentatrice, l'agent du serpent, l'impure. Mais pour réfuter des images bibliques, c'est à la Bible qu'on en appelle : à Rouen, à Menat, ni Eve, ni Marie, une infinie composition, fluide, vivante de Madeleine.

Aux regards de Robert, des visages en tous lieux se lèvent comme une aube.

5.

LE SEPTIÈME DEGRÉ D'HUMILITÉ

Les ans et les ans ont passé. Beaugency, Redon, Rouen, Angers, Bourges, Menat, Agen, Toulouse ; prédications, conversions, fondations. L'apôtre ne s'est pas ménagé. « Robert, c'est-à-dire robuste comme le rouvre », explique son hagiographe. Cette fois-ci pourtant, ses forces l'abandonnent. Il le sent. En cet été 1115, son âge s'est dilaté à l'extrême, jusqu'à soixante-dix ans et plus. De quoi souffre-t-il au juste ? Nul ne le sait et nul ne s'en soucie : « des maux nouveaux s'ajoutant aux anciens », des fièvres ; l'infirmité. C'est cela seul qui compte. Dans le récit du frère André qui va désormais nous guider pas à pas au fil des six derniers mois du maître, un récit tout entier rythmé par le halètement de la maladie, ses attaques vives, ses rémissions, de douleur il n'est jamais question mais d'incapacité simplement. Robert, littéralement, ne tient plus debout et c'est donc de son lit qu'il convoque ses frères de Fontevraud.

« Voici, mes fils très chers que j'ai engendrés dans l'Evangile, que poussé par la maladie corporelle, je m'avance sur la voie de toute chair. » La mort est là, il le sait bien. Pas moins de huit fois, dans le récit qui vient, il en fait la très sereine et très solennelle annonce.

La mort en ce temps n'est pas chose cachée ni chose triste ; mais c'est chose grave. Le mourant doit sagement disposer de sa puissance et de ses biens, si le Ciel l'en a comblé, en vue du salut de son âme et de l'intérêt de ceux qui lui survivent. L'héritage ici est immense. Le patrimoine de Fontevraud s'est prodigieusement enflé : des terres, des bois, des vignes, des moulins, des dons innombrables, près d'une vingtaine de prieurés essaimés sur tout l'ouest de la France. Mais en cette heure, Robert songe avant tout à ceux qui s'en sont remis à lui :

« Demandez-vous, tant que je suis en vie, si vous voulez persévérer dans votre projet, c'est-à-dire pour le salut de vos âmes, obéir aux servantes du Christ. Car vous savez que, tout ce que j'ai édifié en tous lieux avec l'aide de Dieu, je l'ai soumis à leur pouvoir et à leur domination. Mais si vous ne voulez plus rester avec elles comme vous l'avez entrepris, je vous donne la liberté, avec mon conseil cependant, de choisir un autre ordre. » « Loin de nous, très cher père, de jamais les abandonner puisque, tu le sais, nous ne pouvons faire mieux ailleurs ! Loin de nous d'abandonner ton projet ! Devant Dieu et ses saints, entre tes mains, tous unanimement et spontanément nous promettons stabilité et persévérance à l'Eglise de Fontevraud. »

Ce bel élan ne saurait donner le change. A ceux qui rêvent d'un Fontevraud « troubadour » et croient, après Michelet, que présida à sa fondation « l'idée de faire la femme reine des monastères et de vivre sous elle dans une voluptueuse obéissance, mêlée d'amour et de sainteté », ce dialogue de l'été 1115 sur lequel s'ouvre le récit d'André oppose un très net démenti. Et d'abord parce qu'il a lieu. Parce que le maître, sentant la mort venir, juge de la première urgence de faire renouveler à ses frères leurs vœux de soumission. La chose ne va pas de soi. Certains ne pensent qu'à quitter l'ordre. La conclusion de Robert donne la mesure de leur détermination : il préfère les relever de leurs vœux plutôt que de leur imposer un joug qu'ils secoueront tôt ou tard. Discrètement, l'hagiographe signale que « presque tous » lui font l'émouvante réponse citée à l'instant ; c'est dire qu'un petit groupe profite de l'autorisation pour aller chercher ailleurs le salut.

Mais le temps presse ; la fièvre arde chaque jour un peu plus. Le maître expédie des messagers vers les diocèses environnants, priant évêques et abbés de venir tenir conseil à ses côtés. Les voici rassemblés, en septembre : « Je sens que ma fin est imminente et c'est pourquoi je vous ai mandés afin qu'avec votre conseil, je puisse pourvoir à l'élection d'une abbesse pour le profit de notre Eglise. » Ils s'inclinent : « C'est bien plutôt à ton conseil qu'il faut s'en tenir, très cher Père, d'autant que nous savons pour sûr que, parmi les autres mortels de notre temps, c'est ton conseil qui a de la force. Dieu t'a donné au monde comme conciliateur des âmes. » Belle revanche pour le vagabond contre qui les prélats fulminaient quinze ans plus tôt ! Il les convoque. Ils accourent. Le pieux protecteur de l'ordre, Pierre de Poitiers, n'est pas du nombre. Il est mort l'année passée, des sévices de Guillaume d'Aquitaine, mais son église veuve a dépêché ses primats. Face à la désolation des diocèses avoisinants, le magistère de Robert n'a que plus de prestige. De sa couche, il les domine. Mais pourtant il a besoin d'eux ;

non pas tant de leur avis que de leur présence, de leur caution ; qu'ils enregistrent son dit.

« Vous savez, mes très chers, que tout ce que j'ai édifié dans le monde, je l'ai fait pour le bien de nos moniales... Qui plus est, et moi et mes disciples, pour le salut de nos âmes, je nous ai soumis à leur service. » Terme à terme, ou presque, il reprend le discours déjà tenu aux religieux et en tire la conséquence : il faut donc maintenant désigner une abbesse. N'est-ce pas habileté de la part du fondateur que de présenter ces extravagances comme autant d'acquis et de porter la question en aval ? « Je vous demande donc : m'est-il permis d'instituer abbesse une converse laïque ? Car je sais que la dignité de ce rang, je le sais, exige une vierge. » Suit un très curieux exposé : Robert dénigre à loisir les jeunes filles élevées au cloître, incapables de gérer les affaires de l'ordre, ne sachant rien faire d'autre que de chanter les psaumes. Ce sont femmes folles qui ruineront la maison. « C'est pourquoi je ne veux confier à aucune vierge cloîtrée cette prélature, de peur de paraître détruire ce que j'ai édifié. » Il la remettra bien au contraire à une femme sage, une bonne gestionnaire qui se soit frottée au monde.

Signe des temps, sans doute. L'univers parfaitement clos et vierge du monastère, tendu tout entier vers la Jérusalem céleste qu'il reflète déjà ici-bas, ne correspond plus à l'élan religieux de ce début du XIIe siècle. Le prestige de Cluny où les processions s'enroulent à l'infini, où les messes succèdent aux messes pour préfigurer les chants de l'éternité, où les jeunes enfants offerts, les oblats, sont élevés loin des souillures du monde, ce prestige est grand encore mais comme le respect dû au prodigieux reliquaire d'un autre âge. A Cîteaux, fondé trois ans plus tôt que Fontevraud, dans la même poussée de sève, on refuse les oblats ; on n'accueille que des hommes aguerris, on les soumet au travail. Sans doute la *Règle bénédictine* imposait-elle aux Clunisiens de se sanctifier par le labeur ; mais c'était l'effort soutenu des longues lectures, de la méditation, des interminables offices. Cîteaux retrousse ses manches. Certes les moines convers, paysans mal dégrossis, abattent le plus dur de la besogne, mais les moines de chœur eux-mêmes, tout lettrés qu'ils soient, méritent leur pitance à la sueur de leur front ; leur pitance et leur salut car c'est encore parce qu'il est dégradant que le travail est valorisé, comme une pénitence. Ainsi vont les pratiques et leurs représentations : en trébuchant les unes sur les autres, elles se poussent ; en se bousculant, elles avancent.

La critique en règle à laquelle Robert soumet les vierges folles n'est pas non plus une apologie des femmes sages. « Je persiste bien sûr à aspirer à Marie dans les cieux mais je choisis Marthe qui sait administrer avec soin les affaires temporelles. » A regret ; car si les unes sont inaptes, n'oublions pas que les autres, au fond, sont indignes. Et Robert pour finir renverse les termes de l'alternative. Si le tabernacle est couvert d'une peau de chèvre, c'est pour protéger les étoffes écarlates qui en ornent l'intérieur, pour que rien ne vienne ternir leur brillance. La virginité reste en définitive le plus précieux des trésors et la future abbesse, consciencieuse gestionnaire, se trouve d'avance ravalée au rang de peau de bique. Un des clercs du conseil, archiprêtre du diocèse d'Angers, surenchérit : il a jadis entendu le pape Urbain II confier l'abbatiat à une matrone qui avait eu quatre maris. A mi-mots, ces hommes se sont compris.

L'affaire est entendue. L'assemblée se dissout, non sans avoir renouvelé sa confiance au vénérable père de Fontevraud.

∴

Tout est dit, rien n'est fait. Reste à désigner celle qui protégera la communauté de son cuir tanné par la vie. Robert est seul maître de cette décision. Il tarde à la prendre. Il hésite sans doute. Il consulte encore. Un mois passe. Fin octobre, la sentence tombe : ce sera Pétronille de Chemillé. « Il me semble juste que celle qui a porté avec moi le labeur de l'errance et de la pauvreté porte aussi la charge de notre consolation et de notre prospérité. » S'il est salutaire d'endurer l'indigence avec la patience de Job, plus de la rechercher, l'abondance des biens matériels reste cependant la marque de l'élection divine ; même ces Pauvres du Christ en tirent gloire. « Quoiqu'elle ait été mariée, contraint pourtant par la nécessité, je n'en vois aucune qui soit plus apte à cette prélature. » Le moins qu'on puisse dire, c'est que Robert n'est pas soulevé d'enthousiasme pour cette fidèle de la première heure. Baudri de son côté laisse clairement entendre qu'elle n'aurait pas accédé à cet honneur si Hersende, la prieure des débuts, avait encore été en vie.

Alors pourquoi cette décision ? Très certainement a joué ici le poids des hiérarchies et des parentés. Robert semblait poussé vers Hersende par une confiance plus instinctive, mais dans ce premier choix avait sûrement déjà pesé les liens de cette veuve avec Gauthier de Montsoreau, le châtelain le plus proche de la communauté. Pétronille, pour sa part, est cousine germaine de Geoffroy de Vendôme, dont on sait l'influence. Est-ce à dire que Robert ait été victime de pressions ? Il y en a eu, sans doute, mais auxquelles il a dû volontiers prêter une oreille attentive. Soucieux de la prospérité de l'ordre, il sait que celui-ci doit au mieux s'insérer dans les réseaux aristocratiques et présenter à l'extérieur un interlocuteur qui ait quelque poids. C'est déjà bien assez que ce soit une interlocutrice. N'est-ce pas dans cet esprit que Robert prend soin de faire confirmer l'élection de Pétronille par le légat du pape, Giraud d'Angoulême, lequel, pour plus de sûreté, obtient un privilège du pape Pascal II ? L'idée même de subordonner dans l'ordre les hommes aux femmes n'est pas exempte d'une reproduction des hiérarchies sociales. Les frères sont obscurs, rarement nobles, tout au plus chevaliers. Les matrones et les vierges appartiennent à des lignées de barons. Par sa surprenante promotion des femmes, Robert, d'une certaine manière, cède aux pentes de son temps. Plus que sur la dame de Chemillé, fille des sires de Craon, peut-être est-ce sur Pétronille qu'il a quelques réserves. La suite de l'histoire n'est pas sans confirmer ses craintes.

Pour l'heure, la fraîche promue se fait toute humble. Lorsqu'on lui annonce la nouvelle, elle cherche avant tout les moyens de décliner cette charge : « Elle craignait, non sans raison car c'était réellement à craindre, d'accepter le poids incommensurable d'un tel honneur. D'un côté, elle redoutait sa faiblesse, en femme sage ; de l'autre, elle considérait la grandeur inestimable de cette prélature. Que dire de plus ? » Il est difficile en effet d'être plus désobligeant. Les dénégations de Pétronille sont quasi rituelles. On ne saurait accepter un honneur, surtout d'ordre spirituel, sans d'abord s'en dire indigne. Les émissaires doivent revenir à la charge, prier, exhorter ; on décline encore, jusqu'à céder enfin, à son corps défendant. Cette politesse, que nous dirions aujourd'hui orientale, le Moyen Age en était imprégné et elle est longtemps restée en vigueur dans nos campagnes : combien de refus, de faux départs avant d'accepter de prendre un verre ?

Ce qui est beaucoup moins ordinaire, c'est l'insistance avec laquelle le frère André souligne combien Pétronille a grandement raison de craindre sa faiblesse, son « *imbecillitas* ». « Il y a beaucoup de traits dignes de relation que je pourrais raconter sur sa conduite. Mais puisque je confesse être son fils, bien indigne, je me tais pour l'instant, afin qu'on ne me croit pas vouloir *lui oindre la tête de l'huile* de la flatterie. » Certains historiens ont vu en André un vil flagorneur de l'abbesse. Il faut, pour ce faire, déployer beaucoup d'imagination. Après avoir clairement laissé entendre qu'elle ne mérite pas l'honneur qu'on lui fait, il s'arrête au moment de dire enfin d'elle un peu de bien. Curieux courtisan !

Une dernière flèche livre, ce me semble, le sens des événements qui viennent de se dérouler à Fontevraud. André rappelle que, dans tous les établissements de l'ordre, les maisons des femmes sont placées sous le patronage de Marie, tandis que les oratoires des hommes sont dédiés à Jean l'Evangéliste « afin que les frères aient un exemple pour servir les fiancées du Christ ». Voilà que l'hagiographe s'est radouci. On pense à la touchante scène au pied du Calvaire, Jésus dans un dernier souffle confiant sa mère éplorée au disciple qu'il aimait. « Je ne dis pas pourtant cela pour comparer notre service à celui de saint Jean, sachant hors de doute que cette Vierge excellente, placée près de son fils au Paradis, est sans exemple. » La chute est rude. Les frères sont bien les émules de Jean ; les sœurs sont indignes du patronage de Marie.

Dans l'œuvre d'André, on aura donc noté que la promotion des femmes à la tête de l'ordre est toujours flanquée du rappel de leur indignité. C'est là, semble-t-il, le ressort de Fontevraud : une île aux esclaves, un monde à l'envers. Vainqueur de l'ordalie sexuelle, Robert a cherché dans l'ordonnance même de sa congrégation un prolongement de sa pénitence, une ultime épreuve, expiatoire de sa faute première. Dans la *Règle* de saint Benoît, cette règle que le maître connaît bien et qu'il reprend dans son interprétation la plus rigoureuse pour fixer à ses disciples nourriture ou vêtement, il est décrit la lente ascension des degrés d'humilité qui doit, comme l'échelle de Jacob, mener sûrement à Dieu. La montée culmine au septième, quand l'humilité devient humiliation, quand « non seulement on se proclame, de bouche, le dernier et le plus misérable de tous, mais aussi qu'on le croit par un sentiment profond du cœur, en disant avec le prophète : *Pour moi, je suis un ver et non un homme, l'opprobre de l'humanité et le rebut du peuple ; j'ai été exalté, puis humilié et confondu* ». Fontevraud, monastère majoritairement féminin, est conçu en priorité « pour le salut des frères » : c'est dans ce but que le fondateur dit les avoir soumis au service de leurs sœurs. Un service dégradant, car rien n'est plus humiliant que d'obéir à un supérieur que, secrètement, on tient pour indigne de son rang. Or de l'humiliation viendra la récompense, aussi sûrement que les derniers seront les premiers. Mais elles, dans tous ces débats, où est-il jamais question de leur salut ?

(Ailleurs ; à Rouen, à Menat. Au pied du Calvaire, Jean soutient Marie, pâmée dans la majesté de sa douleur. Mais leur commune sollicitude, un instant, a fait fléchir l'intensité de leur deuil. A terre, une autre femme, ses longs cheveux épars ; elle se tient à genoux aux pieds du Sauveur car depuis Béthanie, tel est son rang, le plus bas, le plus proche. Seule, rien ne la distrait du visage qui éclaire son visage.)

Etienne de Muret, contemporain de Robert, fonde lui aussi un ordre qui défraie la chronique. Dans son institution, les convers, rustres à peine sortis de leur glèbe, ont la haute main sur les moines de chœur qui ont reçu instruction et sacerdoce. Point de dictature du prolétariat pour autant, mais un plus grand loisir, pour les prêtres de l'ordre, de se consacrer à la contemplation, à l'instar des vierges de Fontevraud ; et, très certainement, un plus sûr chemin vers les demeures célestes par cette soumission aberrante et méritoire. Choisir un ordre parce qu'on le sait contre-nature, ce n'est pas remettre réellement en cause l'ordre senti comme naturel. Dans l'organisation de Fontevraud, ne voyons nulle volonté de promotion de la femme mais l'ultime avatar d'un tourment ; pas de grande révolution mentale, des déplacements sans doute, mais qui restent, de leur principe, conséquences imprévues, effets pervers d'une ascèse ; comme l'avènement des laïcs dans l'ordre d'Etienne de Muret ; comme la valorisation du travail à Cîteaux. Une matrone vaut mieux qu'une vierge pour mener la communauté car, comme la housse du tabernacle, elle soutiendra « virilement » les tempêtes. Ce lapsus de Robert remet les choses à leur place ; ou plutôt, prouve qu'elles n'en ont pas vraiment bougé.

∴

Le mal, un temps, relâche son étreinte. Aussitôt le convalescent en profite pour partir. De cet homme qui a tant arpenté les chemins, nous ne connaîtrions aucun itinéraire précis si André n'avait pris soin de consigner ce voyage entrepris en novembre 1115 ; le dernier. Peut-être est-ce pour cela que Robert se hâte de reprendre la route au premier signe de mieux, pour veiller au bon ordre des établissements lointains avant que la mort ne l'emporte. Mais il musarde aussi. Une querelle ? Il court l'apaiser. Un ami dans les parages ? Il va le visiter. On veut l'entendre prêcher ? Il repart. On sent dans toutes ces diversions un plaisir de la pérégrination, des horizons changeants, des auditoires à conquérir. C'est un trait caractéristique du Moyen Age que de passer sans transition de la stabilité extrême à l'extrême mobilité. Des années dans l'étroit périmètre d'un même terroir, pour finir sur les routes de Compostelle ou de Jérusalem. En ce temps où la vie est si courte, les hommes savent mieux qu'ils ne sont ici que passants, en marche, croient-ils, vers la Terre promise. Et pour marcher, ils marchent ! De la mi-novembre à la mi-février, Robert et ses compagnons abattent quelque six cents de nos kilomètres : de Fontevraud à l'Ile-de-France, de là au fin fond du Berri, sans craindre les détours ; et ce pour un homme d'âge qui a certes accepté maintenant de monter à cheval mais qui a grand mal à s'y tenir.

Le but premier de l'expédition est d'aller installer quelques religieuses — Bertrade d'Anjou sans doute et ses parentes — au prieuré de Hautes-Bruyères. Ces nobles dames sont expédiées en avant, sous la houlette de Pétronille. Robert les suit de peu. Au moment où il les rejoint, c'est pour arriver à l'abbaye bénédictine de Saint-Florentin, à Bonneval. Ils y logent et apprennent que l'abbé du lieu, Bernier, est mortellement fâché avec l'évêque Yves de Chartres. Robert, trop heureux, s'entremet. Il abandonne à nouveau les moniales confiées à la prieure Angarde, comme s'il ne tenait guère à leur compagnie, ne conservant à ses côtés que Pétronille mais s'adjoignant son ami Bernard de Tiron dont la fondation est toute proche. Quelle était la nature du différend entre le clerc séculier et le régulier ? Nous n'en savons rien. Toujours est-il que Robert, arrivé à Chartres, réussit à réconcilier les frères désunis.

Il atteint Hautes-Bruyères pour la Noël. Dans les bâtiments qui subsistent aujourd'hui en ce lieu, une façade d'église qui menace ruine témoigne encore du temps où la ronde des offices rythmait ici la vie d'une poignée de moniales. Robert inaugure ce prieuré tout juste éclos, se préparant dignement à la célébration de la Nativité, « assidu dans les jeûnes, les prières, insatiable en lectures, la nuit entière en veilles, abondant en larmes, en doctrine admirable ».

A peine Noël passé, le monde le reprend. Le grand Yves de Chartres vient de mourir et la désignation de son successeur tourne à la guerre civile. Les chanoines du chapitre cathédral ont porté au siège épiscopal Geoffroy de Lèves par des élections libres, conformes à l'esprit grégorien. Ce n'est pas du tout du goût du puissant comte Thibaud IV, qui n'entend pas renoncer à ses prérogatives et veut pousser son propre candidat. Au moment où Robert a vent de l'affaire, toutes les négociations ont échoué, les bons offices de Bernard de Tiron n'ont servi à rien, la ville est à feu et à sang : le comte a ravagé les maisons des chanoines qui se sont retranchés dans leur cloître, mais il les menace de mort pour les faire plier à sa volonté. Geoffroy de Lèves est en fuite et c'est à bon droit qu'il craint pour sa vie. Robert est appelé par les chanoines comme un dernier recours, « seul espoir après Dieu ». Malgré l'infirmité qui à nouveau le terrasse, le maître se met en route : « Tout m'est possible, répond-il aux envoyés, jusqu'à la mort. » Il parle aux deux partis, les apaise. Thibaud accepte de reconnaître l'élection de Geoffroy de Lèves, qui regagne la ville. A l'instigation du conciliateur, les chanoines, qui tous n'avaient pas dû être insensibles aux pressions du comte, prêtent solennellement serment de ne plus jamais donner prise à la simonie, « cette exécrable peste » « qui avait très longtemps souillé leur basilique ». A vingt ans de distance, Robert reste fidèle à la mission qu'Urbain II lui avait confiée.

Il ne craint décidément pas la puissance de Thibaud. Quittant Chartres en compagnie de Bernard de Tiron, il fait route vers Blois, capitale du comte, pour y rendre visite à Guillaume de Nevers. Ce fidèle vassal du roi de France a été fait prisonnier en tentant de défendre les droits de son seigneur. Pour l'heure, il croupit dans le donjon de son vainqueur. Guillaume de Nevers, tout guerrier qu'il soit, est un saint homme. Il termine sa vie en 1148 sous le froc des Chartreux. Aussi Bernard et Robert ont-ils en haute estime le « religieux comte ». A leur vue, il s'exclame : « Qui ne se réjouirait d'être longement incarcéré pour recevoir la visite de tels hommes ? » Ils rayonnent en effet maintenant sur le monde qu'ils voulaient l'un et l'autre tant fuir. Depuis longtemps, le même feu les anime : au désert de Craon, sur les routes de la prédication, au concile de Poitiers, plus d'une fois, ils se sont trouvés côte à côte. De Blois, l'un reprend sa route vers le sud tandis que l'autre regagne Tiron. Sans le savoir, en ce mois de janvier 1116, ils se quittent pour ne plus jamais se revoir en cette vie.

Robert chemine donc avec sa petite troupe vers Orsan, prieuré fontevriste du Berri ; quand soudain des voleurs les assaillent. Ce sont aux chevaux qu'ils en ont, à défaut sans doute d'autres richesses. Tous les frères roulent à terre. Robert, jeté à bas de sa monture, roué de coups par les larrons, les exhorte « d'une voix de colombe » à renoncer au vol, souffrant « plus de leur perdition que de ses avanies ». Pour Pierre, un des compagnons de Robert, c'en est trop. Il entame une longue diatribe qu'il conclut ainsi : « Ne savez-vous pas que cet homme que vous avez jeté de son cheval est Robert d'Arbrissel dont la suave odeur se répand sur le monde ? » Au nom de Robert, la troupe des voleurs, soudain terrifiée, se prosterne aux pieds du grand homme en implorant son pardon. Souriant, superbe de mansuétude, il le leur accorde et les embrasse.

Ces petits épisodes clos, récits dans le récit que l'hagiographe nous sert en entremets, avec délices, sont généralement décalqués de quelque souvenir littéraire. Exemplaires ; parce qu'ils édifient, mais aussi parce qu'ils ne sont qu'un exemplaire d'une longue série. Non pas qu'il soit impossible de faire de mauvaises rencontres sur les pistes médiévales. Dire qu'elles étaient peu sûres relève de la litote. Mais le brigand qui tombe sans crier gare sur une troupe de lettrés ressuscite automatiquement les brigands des Alpes assaillant saint Martin de Tours. « As-tu peur ? » questionne celui qu'on a chargé de le dépouiller. Martin répond qu'il ne s'est jamais senti aussi rassuré, confiant dans la miséricorde du Seigneur, mais qu'il plaint son interlocuteur de s'en être retranché. Et bien sûr derrière Martin se profile l'Ecriture, qui prescrit d'aimer ses ennemis. La sainte colère de Pierre est en plus ; elle confère à l'épisode sa vie propre. C'est ce prêtre justement qui rapporte à André et l'incident et son propre discours, fleuri de références scripturaires. Gageons qu'il n'en a pas omis un mot.

Enfin la troupe arrive à bon port, au prieuré d'Orsan. Robert y passe quinze jours, attendant Pétronille dont il s'est séparé depuis Hautes-Bruyères. Quand elle est là, il repart, parce qu'une fois encore on l'a imploré de venir prêcher en un lieu qu'André ne précise pas ; au nord, quelque part vers Orléans peut-être. Au passage il s'arrête à Déols, antique monastère bénédictin qui fait face à Châteauroux. Les moines l'accueillent avec joie et le lendemain, cédant à leurs instances, il les réunit au chapitre et les rassasie de son verbe. Il profite de cette halte pour aplanir la querelle qui oppose Fontevraud à Déols à propos d'Orsan ; par la même occasion, il réconcilie les moines du lieu au seigneur Alard, le protecteur du prieuré fontevriste. Tandis que Pétronille et Angarde repartent vers la maison mère, dans ce curieux ballet où le maître semble avoir à cœur de fuir les religieuses dès qu'il les retrouve, il s'esquive avec son chapelain André vers le peuple qui attend sa bonne parole et qu'il n'atteindra pas.

∴

On est saint aux yeux des autres. Les élus de Dieu, d'un certain point de vue, ne valent que par l'assentiment des hommes. Il n'est pas de sainteté sans procès, formel ou informel. De ce procès qui, à l'époque de Robert, n'est pas encore strictement réglementé par la papauté, la *Vie* rédigée en l'honneur du candidat aux autels est une pièce majeure. André le sait bien. Dans les méandres de cette pérégrination et de ces anecdotes que nous venons fidèlement de décrire sous sa conduite, pas un instant il ne s'égare. Ces trajets seraient insignifiants s'ils ne donnaient à lire, en filigrane, un savant discours de vertus.

Un plaidoyer aussi, qui par avance pare aux attaques éventuelles. A un Robert fauteur de troubles, porteur de scandale, André prend soin d'opposer un sage au magistère incontesté, « homme pacifique », « médiateur des discordes ». En moins de trois mois, ce sont quatre conflits qu'il apaise, dont les très graves troubles de Chartres : « Dieu lui avait en effet conféré une telle grâce que non seulement les religieux le vénéraient, mais les rois et les princes suivaient aussi volontiers ses ordres. » Point de sainteté reconnue sans rumeur de sainteté. Le culte ne viendra qu'entériner, en l'officialisant, une renommée qui s'impose avec la force de l'évidence. Quel plus bel argument, de ce point de vue, que la reconnaissance des brigands et ce tremblement de vergogne qui les prend au seul nom de Robert ? Ne croyons pas non plus que, dans la visite rendue à Guillaume de Nevers, l'amitié seule ait joué. Le florilège aurait-il été complet si Robert n'avait visité les prisonniers pour en être plus sûrement glorifié au jour du Jugement ? Et les brigands ne tombent-ils pas à point nommé pour qu'il prouve sa faculté de pardonner à ses ennemis ?

A chaque instant, nous croyions saisir l'homme, on nous montrait le saint. Mais cette puissance qui se dégage de ses sermons, ce talent si personnel de corriger et d'émouvoir pour lequel on le réclame à cor et à cri d'un bout à l'autre du royaume et qui, aux dires mêmes d'André, laisse les auditeurs pantelants, bouche bée, parce qu'il s'adresse à tous en même temps qu'à chacun, n'est-ce pas là un trait singulier qui le distingue de ses archétypes ? « Sa prédication, loin d'être inefficace, assaillait tellement le cœur de ses auditeurs qu'on pouvait clairement comprendre qui était là. C'est l'Esprit Saint qui était totalement là, sans l'aide duquel le sermon du docteur besogne en vain et dont il est écrit : *Ce n'est pas vous en effet qui parlez, mais l'Esprit de votre Père.* » Cette dernière citation de Matthieu résume au mieux l'entreprise hagiographique. Loin de laisser poindre des idoles dissidentes ou même de tracer l'itinéraire de destins individuels, le texte de chacune des *Vies* renvoie vers leur source commune les mérites de l'homme pour un temps émergé du lot ; exemplaire, parce qu'exemplaire du Christ. Ainsi la semaine qui s'ouvre maintenant, du vendredi 18 au vendredi 25 février est-elle imitation de la semaine sainte de même que ces toutes dernières étapes sont les stations d'un chemin de croix.

Le vendredi donc, au départ de Déols, la maladie se fait plus pressante et oblige sans cesse Robert à descendre de cheval. Ses compagnons le prient de retourner à Orsan. Les premiers, ils ont le soupçon de ce qui va se passer. Mais il s'entête et veut pousser jusqu'à la citadelle voisine, Graçay, pour donner des gages de bonne volonté aux peuples qui l'attendent. Les religieux y arrivent et le seigneur de céans leur offre l'hospitalité. Au matin, l'état du malade a empiré et il ne peut plus du tout tenir à cheval. Cette fois-ci, il se résout à tourner bride : « Préparez-moi, chers frères, un brancard de bois et reportez-moi à Orsan, car je sais que je dois mourir de cette infirmité. » L'hôte s'empresse : « Ne fais pas ce que tu dis, maître, je t'en prie, mais repose-toi plutôt ici jusqu'à ce que tu voies si tu peux être soulagé de cette maladie ! » Le maître intime aussitôt à ses frères, en aparté : « Quoi qu'on dise, n'en ayez cure, mais faites ce que je vous ai prescrit ! » Ils parviennent jusqu'au château d'Issoudun, avec la litière de fortune. Le châtelain leur offre l'hospitalité et le même manège recommence : l'hôte tournoie autour du moribond en demandant qu'on lui confie. « Reconduisez-moi à Orsan », ordonne Robert dès qu'il apprend ces manœuvres.

Le dimanche enfin, les religieux atteignent le prieuré que dirige Agnès, la femme séparée du seigneur local, Alard de Châteaumeillant. Il fallait vraiment que la hâte tenaille le convoi : de Graçay à Issoudun, une trentaine de kilomètres ont été couverts en un jour ; et quarante-trois le lendemain, d'Issoudun à Orsan, avec un brancard improvisé sur lequel le moribond roule au moindre cahot. Pourtant, à peine rendu, il le regrette. Le jour décline, en ce dimanche 20 février ; il se lamente doucement : « Fontevraud, ô Fontevraud, j'ai tant rêvé gésir en toi ! » André, le fidèle, s'approche : « Beau maître, que dis-tu ?

Si tu sens que vient ta fin, fais au moins ce qui est de ton ressort, commande que ton corps soit porté, après ta mort, à Fontevraud ! — A quoi bon transporter d'ici mon cadavre ? Pour qu'il vous soit enlevé (pour reprendre ses propres termes) au moindre patelin ? »

On l'avait compris, aux premiers signes d'agonie, Robert est devenu une proie, car sa sainteté manifeste fait de son corps une relique en puissance. On sait l'engouement que le Moyen Age eut pour les reliques. Les voir, mieux encore les toucher, c'est s'assurer la protection du saint et, avant tout, la guérison qu'on implore. Qu'elles soient parcelles infimes, peu importe ; leur puissance magique, le fluide bénéfique qui en émane, n'en seront que plus intenses. Les prestigieux débris venus de Terre Sainte se vendent à prix d'or : Saint Louis ne paie-t-il pas, pour la couronne d'épines, plus de trois fois le prix de la construction de la Sainte-Chapelle dont il la sertit. La crédulité des uns prête le flanc aux escroqueries des autres. Des ateliers spécialisés bientôt se montent pour fabriquer en série les inappréciables talismans. Aussi un des moyens les plus sûrs pour avoir de vraies reliques est-il le vol ou, mieux encore, le rapt de la dépouille tiède. Quelle meilleure garantie d'authenticité, donc d'efficacité ? En 397, Martin meurt à Candes. Les gens du Poitou veulent profiter de l'aubaine pour s'approprier son corps, mais les Tourangeaux, trompant leur vigilance, l'emportent par la fenêtre de l'église où on le veille. Lorsque les habitants de Saint-Michel-de-Cuxa voient Romuald s'aliter, ils veulent l'achever pour ne pas risquer de perdre ses restes. Ramenant la dépouille de leur fondateur Vital, les moines de Savigny doivent jouer des coudes et donner du poing pour le défendre au passage contre la rapacité des habitants du petit village du Teilleul. Quant à Guillaume Firmat, sa mort déclenche une bataille rangée entre les armées de Domfront, Mayenne et Mortain.

Dès que la mort s'est donc approchée de Robert, les seigneurs du Berri, en ce temps où tout guerrier est un peu pillard, se sont mis à tourner au-dessus de lui comme oiseaux de proie. Et les frères tout de suite ont craint que le saint corps n'échappe à l'ordre. C'est le maître lui-même qui a failli tout compromettre en voulant à toute force pousser un peu plus au nord pour aller prêcher, avant de céder mais avec un jour de retard. Ce délai est révélateur : dans ce mélange encore bien indistinct entre une religiosité primitive et l'annonce de la bonne nouvelle, Robert est le seul à placer le message qu'il délivre au-dessus du pouvoir magique de son corps.

∴

C'est à un autre voyage qu'il faut maintenant songer. Le lundi, Robert réclame « le viatique du corps et du sang de Notre-Seigneur Jésus-Christ », ces provisions de route « sans lesquelles le voyageur condamné à l'errance se dévoie toujours ». Avant de recevoir l'Eucharistie, il fait une longue confession publique, « avec des gémissements intérieurs et de profonds soupirs ». Le mardi, il demande l'extrême-onction puis, à nouveau, la communion, non sans s'être encore accusé plus qu' « aucun voleur ne s'accusa ». Mais n'est-il pas écrit, nous rappelle André, que « *le juste est son premier accusateur* » ?

Ce même mardi, le petit prieuré subit une affluence

qu'il doit avoir peine à contenir. A Orsan, les bâtiments médiévaux ont aujourd'hui disparu au profit d'une élégante construction du XVIᵉ siècle. Dans le pré, le long du ruisseau, on devinait au début du siècle la base de piliers, là où s'élevait la chapelle des sœurs ; à quelques pas, l'herbe un peu plus drue, d'un vert plus soutenu, signale l'emplacement des viviers et des étangs qui fournissaient ce petit monde en poisson. Pour le reste — le bâtiment des sœurs à proprement parler —, imaginons une grosse ferme qui ne dut jamais abriter plus d'une dizaine de personnes ; à l'écart, plus sommaire, le baraquement des frères. Fondé en 1107, le prieuré fut d'abord hâtivement édifié en bois par les religieux venus de Fontevraud. Dès le priorat d'Agnès, on se mit à le construire en dur. A quelque point qu'en aient été rendus les travaux, c'est un bien modeste abri pour le beau monde qui s'y presse en ce mardi 22 février 1116.

Voici d'abord Léger, archevêque de Bourges. Une dizaine d'années plus tôt, il s'est lié d'amitié au fondateur de Fontevraud. Soucieux d'accueillir dans son diocèse un établissement de l'ordre, il a prospecté la région en ce but. Depuis la fondation d'Orsan, il n'a cessé de veiller paternellement sur le sort des moniales. C'est Robert qui l'a prié de venir à son chevet. La nouvelle de l'agonie a fait tache d'huile. Derrière Léger accourent les seigneurs de la contrée. La première précaution, tant de l'archevêque que des hommes de guerre, est d'encercler militairement le prieuré pour s'assurer que ce cadeau du Ciel ne leur échappera pas. Après, il est toujours temps d'aller pieusement recueillir les enseignements du mourant.

Puis surviennent Pétronille et Angarde. Dès le samedi, Robert les avait fait quérir. Le messager, parti de Graçay à bride abattue, les a rejointes à La Puye, autre établissement de l'ordre où elles faisaient étape en regagnant Fontevraud. Il arrive dans la nuit du dimanche au lundi, ayant parcouru cent quinze kilomètres en à peine vingt-quatre heures. Il prie les deux femmes de faire diligence. Elles n'attendent pas le jour pour repartir et, le mardi soir, elles sont venues à bout des cent cinquante kilomètres qui les séparaient d'Orsan. Elles doivent arriver fourbues. « Hélas, bon maître, tu ne nous feras plus de bien désormais », s'exclame Pétronille. Angarde la reprend : « Ne dis pas cela, bonne femme, mais prie plutôt Dieu qu'il daigne lui conserver la santé. Car Celui qui lui envoie cette maladie lui enverra la santé quand il Lui plaira. » Pétronille aurait-elle tendance à trop vite enterrer le maître ? André, en tout cas, ne lui pardonne rien et se complaît à rappeler comment sa seconde, sans aménité, lui fit la leçon.

L'heure pourtant n'est pas aux dissensions internes. Dans la guerre larvée où chaque camp vient de prendre position, le parti fontevriste a besoin de toutes ses forces. Le mercredi, Robert tente sa chance. Il mande Léger et lui tient un très long discours. Il lui rappelle d'abord l'amour qui les unit, l'insistance que l'archevêque mit à réclamer la venue de moniales fontevristes, la sollicitude dont il les a depuis lors entourées. Ce ne sont encore que préliminaires. « Je veux en outre livrer à ton amitié la volonté de mon cœur, je veux ouvrir mon désir à ta sainteté. Qu'il apparaisse à ma mort si tu m'as aimé de mon vivant ; si comme tu le disais, je t'ai été cher. Car tu n'ignores pas que l'affection véritable n'est pas dans les seules paroles mais, selon le témoignage de la Sainte Ecriture, la preuve de l'affection est dans les œuvres. *N'aimons pas en parole ou en langue, mais en œuvre et en vérité.* Je te fais donc savoir, père très cher, que je ne veux gésir ni à Bethléem où Dieu daigna naître de la Vierge, ni même au Saint Sépulcre de Jérusalem ; pas plus qu'être enterré à Rome entre les saints martyrs, ni au monastère de Cluny où se font de belles processions...

Je ne veux être inhumé ailleurs qu'à Fontevraud. Car tu sais, mon père, que j'ai constitué Fontevraud chef de tous les autres lieux. Là est la plus grande part de notre congrégation, là aussi est le fondement de notre religion. Je ne te demande pas de m'inhumer dans le monastère ou dans le cloître, mais seulement parmi mes petits frères dans la boue de Fontevraud. Là sont mes prêtres et clercs, mes bons laïcs et pupilles ; là sont aussi les saintes vierges, les veuves et les continentes, persévérant jour et nuit dans la louange de Dieu. Là sont mes chers infirmes, hommes et femmes ; là sont mes chers lépreux et lépreuses. Là sont les bons compagnons de ma pérégrination ; là sont ceux qui supportèrent avec moi pauvreté et labeurs pour le Christ. Là sont ceux qui subirent patiemment pour le salut de leurs âmes froids et chaleurs, misères et tribulations ; qui, à l'appel de ma prédication, inspirés par Dieu, s'abandonnèrent et abandonnèrent leurs biens. D'entre eux, les uns vivent encore dans leurs corps mais les autres sont morts, persévérant jusqu'au bout dans l'obéissance. Là gît la moniale Hersende, ma bonne coadjutrice, avec le conseil et le travail de laquelle j'ai construit les bâtiments de Fontevraud. Là gisent mes bons fils, aux prières desquels je confie ma défense auprès de Dieu. Là dorment mes bonnes moniales, par les mérites desquelles je crois être assisté auprès de Dieu. Voilà pourquoi, ami très cher, je refuse les sépultures des lieux les plus saints car je désire trop être enterré dans la boue, parmi mes petits frères et sœurs. Je sais qu'ils désirent que, de leur vivant, je gise en ce lieu afin qu'au jour de la sainte résurrection, j'aille paisiblement avec eux, dans cette même chair, vers le jugement de Dieu. »

∴

Quelle énergie n'a-t-il pas déployée, pourtant, pour atteindre Orsan ! C'est que, perdu en terre étrangère, guetté de toutes parts par les prédateurs, il a en priorité voulu s'assurer du refuge d'une maison de l'ordre. De Graçay, Orsan est la dépendance fontevriste la plus proche et c'est de là que viennent Robert et ses compagnons. Par calcul, par réflexe, ils retournent sur leurs pas. De ce havre, le maître se prend à rêver de la maison mère, sans d'abord oser y croire. Il peut aussi mesurer les erreurs commises dans la hâte : Graçay est à cinq lieues du Cher ; il suffisait de s'abandonner au fil de l'eau pour rallier Fontevraud. Maintenant, Pétronille est là et il sait qu'il peut compter sur sa détermination. Si les barons berrichons ont posté leurs hommes, des religieux sont certainement allés ameuter dans les prieurés avoisinants des troupes fraîches. Enfin, par son discours, Robert espère toucher le cœur de Léger au nom de leur longue amitié. Mais pourquoi ce désir de Fontevraud le tient-il si fort ?

Il y voit d'abord une nécessité interne à la congrégation : que l'unité s'en scelle à jamais sur son corps. L'institution de Robert est extrêmement centralisée. Ainsi l'a-t-il voulu en nommant une abbesse générale et en ne tolérant ailleurs que des prieures. La dépouille du fondateur, ramenée à la place centrale, rappellera à chaque établissement qu'il n'est qu'un membre du corps dont Fontevraud est le chef.

Mais ce sont d'autres dissensions qui sont plus à craindre, dans cette cité religieuse que le mourant décrit avec émotion et fierté. Une ville monastique, telle nous apparaît encore aujourd'hui la grande abbaye ligérienne même si, sur ses cinq établissements, trois seulement subsistent : le Grand-Moutier, Saint-Benoît et Saint-Lazare, tandis que la Madeleine et Saint-Jean-de-l'Habit ont été détruits. Mais une ville, c'est tout blanc ou tout noir, Jérusalem ou Babylone. Babel si la division s'y installe, si les frères à nouveau regimbent, si chaque catégorie s'emballe d'un mouvement centrifuge ; cité céleste au contraire si l'harmonie règne entre ces parties qui appellent l'unité, puisqu'elles ordonnent la diversité par couples complémentaires : infirmes et vaillants, hommes et femmes, vierges et convers. Dans l'ordre mixte de Sempringham, le saint corps du fondateur, Gilbert, est encastré dans le mur qui divise la nef en deux parts, celle des hommes et celle des femmes. Entre eux, il est le trait d'union. C'est ce dont rêve Robert : « Qui, dans ma congrégation, a un tel cœur de fer que, lorsqu'il se souviendra de moi, en pleurs et en soupirs il ne se laisse attendrir ? » Mieux que les statuts, mieux que la contrainte, le saint corps scellé à Fontevraud rappellera à tous leur bizarre engagement, pour qu'autour de lui, la luxuriance de la Création s'ordonne en une parfaite cosmogonie. N'est-ce pas sur les reliques qu'on prête serment ? Rien ne saurait mieux garantir la foi.

Mais c'est aussi d'un mouvement plus intime, d'un ressort plus secret que résulte cette dernière volonté. La structure d'une biographie se lit dans l'écoulement des dates qui la scandent. La composition d'un récit hagiographique est bien plus, comme le dit Michel de Certeau, composition de lieux. Si, par la fuite du temps, la biographie est nécessairement l'histoire d'un aller sans retour, une *Vie* de saint est une pérégrination volontiers cyclique et, en cela, recèle dans sa trame même une promesse d'éternité. Ainsi s'enroule la *Vie d'Alexis,* dont toute l'odyssée n'est que retour au point de départ, pour une ultime épiphanie. Robert, dans un premier temps, rêve bien d'accomplir ce trajet du fils prodigue vers le pays natal. Tout ce qui l'écarte d'Arbrissel ne fait que préparer avec plus de lustre le jour de son retour triomphal. En quittant la Roë, où il s'était fiché si près de son but, il fait basculer le sens de son histoire. Ce n'est plus de recouvrer son héritage qu'il rêve, mais de conquérir des terres ignorées.

Pendant tout le haut Moyen Age, la sainteté n'est qu'accomplissement d'une élection initiale de Dieu : « On naît saint, on ne le devient pas », affirme encore Honorius d'Autun en plein XIIIe siècle, prouvant par là que cette conception est loin d'avoir fait long feu. Avec la génération de Robert cependant, une sensibilité nouvelle se fait jour : une sainteté du devenir, de la conquête, « à la force du poignet », comme le dit si bien André Vauchez. La vie de Robert est exceptionnelle parce qu'elle contient ce tournant, décrivant tour à tour, par l'attirance des lieux, le trajet de la nostalgie et l'appel d'un nouveau monde. Cette terre vierge, maintenant qu'il l'a trouvée, qu'il en a dompté la nature, qu'il en a conçu la géométrie, il ne peut plus souffrir de s'en savoir exclu. Qui ne s'est révolté de voir mourir Moïse au seuil de la Terre promise, interdit ?

Toutes ces supputations n'auraient pas de sens si Robert ne portait en lui, conjointe à l'idée de sa culpabilité et à sa mesure sans doute, la certitude qu'il serait reconnu saint. Le récit d'André, depuis quelques pages maintenant, repose sur la prémisse — tellement évidente qu'on l'entend à mi-mot — que ce corps qui s'épuise et qui pourtant occupe de plus en plus de place est bien celui d'un élu de Dieu. Le XIIe siècle constitue, il est vrai, une étonnante parenthèse. D'un côté, comme le souligne André Vauchez, il n'existe pas encore de procédure régulière de canonisation et la sainteté se décerne donc volontiers : quelques sévices endurés, des brigands qui se prosternent, une mort exemplaire et l'affaire est entendue. D'autre part émerge l'idée que cette consécration se mérite et se conquiert, plus qu'elle ne tombe du Ciel. Echappant à la coupe de la prédestination sans tomber encore sous celle de l'institution, il y eut là une génération d'hommes qui purent, avec des chances de succès, se fixer le projet d'être saints. Ce projet, dans le discours hagiographique, se doit de s'exprimer en un trajet, comme une parabole.

Fontevraud, c'est maintenant pour Robert sa terre de libre élection. Michel de Certeau dit que l'hagiographie, « géographie du sacré », par ce tournoiement autour d'un lieu fondateur, sol de la naissance ou de la mort, a pour fonction de désigner « un non-lieu », « un espace spirituel », « un au-delà » ; que cette extrême attention à localiser parle au fond de ce qui n'est pas localisable. Plus prosaïquement, cette littérature remplit un autre office : transmuer les lieux communs de l'Occident en lieux saints. Ainsi, dans le chant de Robert, à la litanie des sommets dédaignés, Bethléem, Jérusalem, Rome, répond en contrepoint l'humble ritournelle de Fontevraud, de sa boue, de ses frères, de ses sœurs. Sept fois, comme une incantation, le nom revient aux lèvres du mourant : Fontevraud, qu'il préfère à Cluny même, « où se font de belles processions ». Peut-on dire avec plus de netteté et de candeur le fossé entre les deux idéaux incarnés par ces chefs d'ordres ? Pas l'ombre d'un mépris ni d'une critique dans cette proposition, mais la distance qui sépare deux planètes. On a remarqué l'insistance avec laquelle reviennent les termes « gésir », « s'inhumer », « dans la boue », pour dire la volonté de se fondre au sol, comme le grain. Les grandes figures issues de l'*Evangile* sont légendairement venues les premières ensemencer les terres païennes : Pierre à Rome, Jacques à Compostelle, Madeleine à Vézelay, Denys en Ile-de-France. Petit à petit, les saints autochtones complètent l'entreprise et, entre ces pôles, quadrillent l'espace du quotidien. Là où Robert sera inhumé, la sainteté s'enracinera et germera ; d'où l'extrême importance que tous accordent à cet enterrement.

« Très cher maître, depuis longtemps, je t'aime sans réserve. Ce que tu me demandes n'est pas tout à fait dans mon pouvoir mais, pour une grande part, dépend des princes de cette contrée. Tu sais que ce lieu est dans la terre d'un seigneur du nom d'Alard, qui l'a en grande partie édifié. Je ne veux pas te promettre ce que je ne pourrais pas ensuite tenir. Mais demain, discute sans moi de cette affaire. »

Léger, le premier, se dérobe. André, qui sait le désir

de son maître, aussitôt intervient : Agnès, prieure d'Orsan, est originaire de la région ; Alard fut son mari ; elle peut beaucoup aider l'entreprise comme beaucoup lui nuire. Robert l'appelle et se fait solennel : « O dame Agnès ! » (Toute moniale qu'elle est, elle reste la femme du seigneur, la « *domina* » ; son priorat ne fait que proroger la hiérarchie sociale.) « O dame Agnès ! je te commande en te priant et te prie en te commandant, comme à ma dame, comme à ma fille et disciple, de faire tout ce qui sera en ton pouvoir pour ce que j'ai demandé à l'archevêque. — Bon maître, voulez-vous vraiment que je le fasse ? — Je le veux, ma fille, absolument et je le désire ; et je t'ordonne de baiser ma main pour sceller ce pacte. » Prise entre deux logiques, l'obéissance due au maître, l'intérêt de sa province, Agnès promet, du bout des lèvres.

∴

La mort à ce moment doit resserrer son étreinte. Les assistants incitent le malade à prier Dieu : « Bien sûr, je désire beaucoup prier Dieu, mais je n'y arrive pas du tout à cause de vous qui me gênez. Sortez et partez afin que je puisse tranquillement prier mon Dieu ! » A la mort que tous attendent, ostentatoire, Robert préfère pour l'instant le recueillement ; plutôt que d'étaler les fastes d'un spectacle, une plongée profonde, intime. Un petit groupe de fidèles reste cependant auprès de lui : ce n'est pas la solitude qu'il requiert, mais bien l'intimité. Il se met alors à prier, pour le pape, les docteurs, ses hôtes, ses bienfaiteurs, puis pour ses ennemis et il termine cette revue par Guillaume d'Aquitaine, pour qu'il retrouve « la voie de la vérité ». C'est le seul nom qui soit donné, comme s'il était le revers de Robert et son *alter ego.*

Les prières se prolongent. Dans le silence de la nuit, il appelle Pierre, non pas le prêtre qui l'escortait lors de l'aventure des brigands mais un convers qui le sert : « Appelle à moi le prêtre André ! » Et celui-ci survenant : « Apporte-moi, je t'en prie, le bois de la sainte croix ! » A grand-peine il se lève et, face à la croix, s'agenouille pour dire son *Credo* devant l'assistance : création, incarnation, rédemption ; pour conclure, Robert remercie Dieu des grâces qu'il lui a envoyées.

Toujours au pied de la croix, il s'accuse maintenant : « Ecoute, prêtre, mes péchés ! Ecoutez Ciel et Terre ! Le Fils de Dieu est venu en ce monde pour sauver les pécheurs, dont je suis le premier. Car j'ai été conçu dans l'iniquité, nourri dans les péchés et, par ma faute, j'ai péché d'innombrables manières. » Les cinq fautes qu'il confesse lui font rapidement parcourir les étapes de sa vie. Lorsque tout enfant sa mère le nourrissait, il voulait les meilleurs aliments. Quand il pleuvait, il souhaitait la sécheresse, et l'inverse : c'est le souhait du paysan qu'il a dû être, tout en tenant la cure d'Arbrissel. Il s'est rendu coupable de simonie lors de l'élection d'un évêque de Rennes. Il n'a pas assez fait fructifier « la grande science des lettres et la grâce de la prédication » commises par Dieu. Il s'est laissé louer pour sa fondation alors que le mérite en revient aux femmes qu'il a réunies.

Absous par le prêtre, il prie Dieu de le délivrer de ce monde et lui recommande son troupeau. On remporte la croix. Tous partent se coucher.

La mort qu'il attend ne vient pas ; mais, dans les ténèbres, les puissances du mal s'enhardissent : « Maudite sois-tu, tourbe impie ! Que te tiens-tu là ? Arrière, Dieu te le commande ! » Tandis que les autres dorment, seul il se débat. Pierre se réveille et croit que son maître délire. Robert s'en défend, irrité qu'on doute de la réalité de l'attaque. Agnès, épouvantée, vient aux nouvelles, car tout s'entend dans cet espace confiné. C'est une troupe d'ennemis qui est venue l'assaillir. Elle se signe en hâte. Y sont-ils encore ? Mais non, il les a mis en déroute d'un signe de croix. Comment étaient-ils, s'inquiète-t-elle ? « Ils estoyent plus noirs que charbon et... vestuz comme religieux. » Méfiante, elle pose enfin la question capitale : « Comment ont osé venir à vous ? Y pensoient il trouver quelque chose pour vous accuser ? — Certes, dit-il, il pensoient que je deusse mourir comme une beste et pour ce, en vain, y sont venus pour m'eschauguetter et decepvoir. Car veillent ou non, Dieu aydant, je mourré comme ung bon crestian *. »

Le procédé nous est devenu familier. Comme sur un palimpseste, ce récit, qui nous est désormais livré en moyen français, en cache un autre : « Que te tiens-tu là, brute sanglante ? Tu ne trouveras rien en moi, maudit ! Le sein d'Abraham me reçoit. » C'est le dossier de Martin qui donne à nouveau la clef du petit épisode enchâssé dans l'œuvre d'André. Les correspondances vont aller s'intensifiant entre les deux saints. Martin, il faut l'avouer, est le prototype presque obligé d'une figure comme celle de Robert. Le premier, dès le IVe siècle, l'apôtre des Gaules relève le défi des Pères de l'Egypte, prouvant que

* Au besoin, voir *Glossaire*.

les rives de la Loire n'ont « rien à envier à la solitude d'un désert ». Il fonde les deux plus antiques monastères des Gaules, Ligugé et Marmoutier. Tout ermite, tout fondateur se sent un peu son émule. Le rayonnement de Martin était tel que son ami Sulpice Sévère en écrivit la *Vie* avant que la mort ne le prenne, chose rarissime. A son trépas, Sulpice se sentit le devoir de compléter ce récit inachevé. Il le fit dans une lettre adressée à sa belle-mère, Bassula. Cette épître détaillée et conçue dès l'origine pour la plus large diffusion est la référence implicite de bien des morts saintes. André est d'autant plus poussé vers elle que, venant compléter l'œuvre de Baudri, il décrit, comme l'*Epître à Bassula,* plus une mort qu'une vie. Mais à partir de la dernière question d'Agnès, le chapelain glose longuement sur le sens de l'épisode que Robert vient de remettre en vigueur.

L'Ennemi s'acharne sur les saints pour se venger des affronts qu'ils lui font sans cesse subir. Il sait bien qu'après leur trépas, les justes lui échappent et, les voyant à l'article de la mort, il tente de les abuser en profitant de leur faiblesse. Les derniers instants sont donc les plus périlleux et Martin meurt en repoussant l'ultime attaque. Délaissant un instant ces combats fabuleux, André, légitimement, s'inquiète : « Sy l'Ennemy a voulu estaindre et empescher homme sy sainct et l'ugne des principalles lumieres de l'Eglise, pensons nous poinct qu'il ne s'efforce nous empescher et espoventer aultant qu'i luy sera possible ? Et pourtant en la main de Notre Seigneur soict notre seulle esperance par laquelle misericordieusement de sa puissance nous pourra delivrer. »

Paradoxalement, le commun des mortels a moins à craindre que le saint. Celui-là à la puissance divine qui abrite sa faiblesse ; celui-ci est laissé à lui-même, abandonné de Dieu. A l'audience de Yahvé s'avance Satan : « D'où viens-tu ? — De parcourir la terre. As-tu remarqué mon serviteur Job ? Il n'a point son pareil sur la terre : un homme intègre et droit qui craint Dieu et se garde du mal. » Satan de riposter : « Touche à ses os et à sa chair et je te jure qu'il te maudira en face. — Soit, dit Yahvé à Satan, il est en ton pouvoir ; laisse-lui pourtant la vie sauve ! » Le champion de Dieu est réduit à ses propres forces. Celui dont il défend les couleurs consent à son épreuve. Aussi le saint est-il loin de mener des combats de titans. Plus qu'un athlète, c'est un infirme qui rampe. Et s'il emporte cependant les plus grandes victoires, ce n'est pas qu'il atteigne des performances plus hautes, c'est que tout lui est infiniment plus à peine. Rejoindre le lot commun devient pour lui un exploit et son ambition paraît dérisoire : « je mourré comme ung bon crestian » et non « comme une beste ». Tardivement secouru par le Christ contre une meute de démons, Antoine gémit : « Où étais-tu, bon Jésus ? Où étais-tu ? Pourquoi ne m'as-tu pas assisté dès le début pour soigner mes blessures ? » Une voix s'élève qui lui dit : « Antoine, j'étais là, mais j'attendais de te voir combattre. Or désormais, puisque tu n'as cessé virilement de résister, je te secourrai toujours et je ferai connaître ton nom dans tout l'univers. »

Cette déréliction où le saint désespère porte en effet pour lui promesse de célébrité, et de rédemption pour les autres. Robert qui veille tandis que tous s'endorment revit les prémices de la Passion du Christ, au mont des Oliviers. Ses disciples aussi l'ont laissé seul dans l'ombre et lui-même fléchit un instant : « Père, si tu le veux, éloigne de moi cette coupe. » Sur la croix encore, comme un cri de détresse, il entonne : « Mon Dieu, mon Dieu, pourquoi m'as-tu abandonné ?... » ce psaume qui naît aux défilés de la nuit pour s'achever en chant triomphal.

Robert apporte sa pierre à cette construction de récits emboîtés. Pas de Satan, pas un diable ni un démon, mais l'Ennemi, vêtu « en habit monachal », le sien. Non content d'être son premier accusateur, il voit toujours en lui son pire adversaire.

∴

Le jour blanchit, qui disperse les songes, et les affaires reprennent. Agnès a tenu sa promesse puisque Alard se présente au mourant, en ce jeudi 24 février. Aussitôt Robert recommence son plaidoyer : l'amitié qui les lie, sa venue au Berri, sans ressource, l'offrande initiale du seigneur d'Orsan. « Vous m'avéz donné soubz la main de votre bon arcevesque Leger, pour le salut de votre ame et de voz parens, ce lieu icy desert pour edifier ung habitacle aux ancelles de Jhesus Crist. » Calqué pour l'essentiel sur les propos tenus à Léger, ce discours-ci s'en écarte cependant dans la tactique. Face à l'archevêque, Robert, très habilement, n'avait pas mis le retour à Fontevraud en balance avec un enterrement au Berri mais avec une sépulture aux Lieux saints. Esquivant la vraie question, il semblait prendre conseil auprès de son ami pour une décision qui ne concernait que lui et son ordre. Face à Alard, point de louvoiement ; le temps presse, le ton se fait plus âpre : « Je sçay que les citoyens de ce pays vouldront que soys inhumé en ce lieu. Mais de moy, je ne veil estre aultre part qu'audit cimetiere dudit Fontevrault. » Le mari d'Agnès fait des protestations d'amitié, mais répond que seuls « Messeigneurs de Bourges, Raoul du Bourg Dieu et Genffroy de Issouldun » ont puissance en cette affaire.

Orsan est effectivement une cofondation. Alard, seigneur direct du lieu, a donné la terre à Robert, mais en la plaçant sous la puissance de Léger qui parraine ainsi l'entreprise. Pour ce faire, Alard a dû obtenir l'accord de son propre seigneur, Raoul le Vieil de Déols, qui domine la plus grande part du bas Berri tandis que l'archevêque de Bourges contrôle, plutôt mal que bien, la partie orientale de la province. Le prieuré, précisément, se trouve à la lisière de ces deux aires. Par une charte de 1113, les principaux barons berrichons se sont engagés à respecter et à faire respecter les biens des moniales : en tête, Raoul et Geoffroy d'Issoudun, son vassal le plus sûr ; mais aussi les seigneurs de Sainte-Sévère, Huriel, Lignières. Ce pacte n'était pas de trop. Dès la première année de son règne, en 1108, Louis VI avait dû venir châtier le redoutable Humbault de Sainte-Sévère qui mettait la contrée en coupe réglée et, de sa propre main, le roi avait expédié le rebelle dans les fossés de son château.

Au moment où Robert se meurt, Geoffroy d'Issoudun est présent à Orsan : c'est lui l'hôte empressé qui, dès le samedi précédent, voulait confisquer la dépouille du saint et il a dû jusqu'ici le suivre à la trace, comme un gibier que l'on traque. Mais Raoul, apparemment n'est pas là et Robert comprend qu'Alard joue le même jeu que l'archevêque : prétextant de l'imbroglio juridique, le renvoyer de l'un à l'autre, jusqu'à ce que mort s'ensuive. Il perd son calme, ordonne à Pétronille de lui faire préparer une litière pour le ramener encore vif à Fontevraud. Le Berrichon se fait menaçant : le peuple ne les laissera pas faire. Dans une dernière imprécation, Robert supplie son adversaire de renoncer à son avantage. Il est à bout d'arguments. L'emportement de ce moribond doit être assez terrible pour qu'Alard cède. Il promet de conduire le corps jusqu'aux terres du comte d'Anjou et scelle cet engagement, main dans la main de Robert. Rageur, le seigneur d'Orsan prévient Pétronille qu'il faudra alors prendre garde au comte voisin « et qu'i luy feroyt bien mal, aprés qu'en leur pays il seroit decedé, les aultres estrangiers en eussent la consolation ».

Robert, qui reste sur ses gardes, ordonne à l'abbesse d'en appeler à Rome si on met obstacle à sa translation.

Alors tout le couvent envahit la petite pièce où il repose : « Helas notre bon pere , vous nous laissez bien tost orphelins et desoleez ! » Les jeunes filles sont massées près de lui, en larmes ; de la main il les caresse. Mais son propos tranche singulièrement sur la tendresse de son geste. Bien qu'il aspire tant à la délivrance, il accepterait encore, s'il le fallait, de les supporter ! André ne manque pas de s'extasier à ces propos comme au spectacle du plus grand sacrifice. Robert s'appesantit : il « eust vecu en religion excellamment sy pitié divine ne l'eust contrainct se condescendre a leur infirmité ». Pour lui, la félicité était ailleurs : « mener vie solitaire et habiter aux desertz en fin, en soif et nudité... tousjours porter la haire et nudz piedz aller prescher la parolle de Dieu et se contanter seulement de ce que ses auditeurs luy eussent ministré pour prendre ce a quoy nature extremement l'eust contrainct. » Pour le fondateur comblé, le désert et l'errance resteront « la meilleure part » ; et sa fondation, un fardeau.

Vient le vendredi, 25 février 1116. Robert va mourir puisque, en ce jour de la semaine, est mort le Sauveur. Chacun le sait et l'action se précipite. Les religieux se pressent en groupe, d'une démarche concertée, et ils lui réclament qu'il dicte leur conduite. Il se fâche : « Certes, mes freres, si ja pieça ne vous eusse enseigné comment debvéz vivre et ce qu'avéz affaire, maintenant il seroict bien tard ! » Mais une dernière fois, il martèle la consigne : « Obeyr tout le temps de votre vie aux ancelles de Jhesus Crist, pour le salut de voz ames, et leur servir, pour l'amour de leur espoux Jhesus. » Cette dernière requête est étrange. Les frères espéraient apparemment obtenir quelque adoucissement de leur sort. Mais ceux qui refusaient la suprématie des femmes sont partis pourtant depuis l'automne. Que veulent ceux-là ? La réponse de Robert est double : obéir pour assurer son salut ; servir par amour, non pas des dames mais du Seigneur, dans la meilleure tradition courtoise où, comme Georges Duby le fait remarquer, l'amour n'est qu'affaire d'homme à homme. Les frères, dans un esprit tout chevaleresque, veulent bien l'humilité du service librement consenti. Ils refusent l'humiliation de l'obéissance subie. Tout au long du récit, André rapporte fidèlement les propos du maître mais, lorsqu'il se laisse aller à parler de son propre chef, qu'il s'épanche, il exalte toujours le service, celui de Jean, et omet d'évoquer l'obéissance. En cela, il doit bien traduire le sentiment de ses frères.

Sur leurs talons, inquiètes sans doute de cette réunion d'hommes, la hiérarchie des femmes s'avance et pose à Robert la même question, avec la même naïveté feinte : « Comment nous debvons vivre aprés votre mort ? »

L'arrêt tombe : « Ne faictes jamais rien sans le conseil de voz freres et religieux. » Et très certainement, elles en conçoivent du dépit. Que voulaient-elles donc ? Le pouvoir ? Les autres ordres féminins le leur offraient. Or, c'est Fontevraud qu'elles ont choisi, ses duretés, ses incertitudes. Pourquoi renâclent-elles devant ce droit de contrôle accordé aux hommes ? De Robert, elles ont accepté un service qui les flatte. L'essor simultané de la « fine amour » dans le milieu même dont elles viennent prouve qu'une telle sensibilité est latente, à la cour ou au cloître, prête à éclore. Mais après la mort du maître qui les fascine, qui les tient en un pouvoir jamais démenti, ces dames n'ont que faire d'être l'instrument du salut des frères, à leurs yeux sans prestige, socialement méprisables.

Quant à Robert, il se veut comme toujours sur la corde raide : servir et obéir à la fois, dit-il aux uns, car il conçoit l'humiliation de l'obéissance comme plus propice encore au salut que l'humilité du service. Ne pas commander sans partage, dit-il aux autres, car son projet d'ascèse pour les hommes réclame tout de même que reste entrouverte la porte de la liberté, que l'humiliation soit désirée avant d'être subie. Impossible pari qu'aucun statut, aucun serment, ni même le talisman des reliques fondatrices ne pouvait garantir. Jusqu'à la Révolution qui le supprime, l'ordre de Fontevraud retentit du bruit des querelles. L'exception que constituait Robert n'a pu devenir règle collective.

Dernier à s'avancer, frère André, le narrateur : « Et tantost qu'i le vit, luy dit : Certes je ne puys plus parler et le sens me fault. Et pourtant hastéz vous me interroger ce que vouldréz ! » Mais est-ce parce que le mourant défaille vraiment ? Toujours est-il que le dialogue tourne court. Robert lance encore une oraison, un *Miserere*, puis se tait. Frère André prend la chandelle, car la pièce est sombre, cette chandelle bénie qui peut-être donne à l'agonisant la mesure du temps qui lui reste à vivre. Le chapelain approche la flamme du visage de son maître, le voit pâmé. En pleurs, il assemble frères et sœurs à la hâte. Robert reprend ses sens, leur fait dire un *Confiteor*, les absout, avec un *Pater* de pénitence. Il recommande son âme à Dieu. « Et ainsy, se signant luy et les siens du signe de la saincte croix, entre les pleurs de ses freres et les lamentations de ses sanctimoniales, expira et rendit, sedit jour vendredy a heure de vespres, son devot esperit a Notre Seigneur. »

∴

Robert d'Arbrissel est mort le vendredi 25 février 1116, à l'heure où le chant des moines s'élève pour une pénultième prière dans le jour en suspens. Son corps n'est pas près, pour autant, de trouver le repos.

Groupés autour de la dépouille, frères et sœurs de Fontevraud décident de celer le trépas de leur maître. Mais leurs pleurs les trahissent. Vite, ils attrapent ce corps qui n'a même pas reçu la toilette des morts et, de la petite pièce où il a expiré, une sorte de sacristie qui jouxte la chapelle, ils l'emportent au cloître des sœurs et s'y barricadent. Sans doute comptent-ils sur le respect dû au logis des épouses de Dieu. Mais l'ardeur de la chasse prend au ventre les guerriers qui veillent. Alard oublie le serment extorqué dont il n'avait jamais dû penser un mot. Ses hommes, ceux de Léger et de Geoffroy d'Issoudun courent sur les furtives brisées de l'adversaire, rompent les portes, ravissent le corps et le déposent, comme un trophée, dans la chapelle où le Berri a établi son quartier général. Voilà ce petit monde coupé en deux. De part et d'autre, on se claquemure, on compte ses forces. Les Berrichons ont un insolent avantage. Face à un groupe réduit de religieux et de religieuses, plus experts en psalmodie qu'en mêlée, isolés en territoire ennemi, le parti local compte hommes d'armes et chefs de guerre. Si des fontevristes ont rallié Orsan en toute diligence, venus à la rescousse des prieurés voisins et peut-être même de la maison mère, leurs adversaires ont pour eux les réserves inépuisables des contrées environnantes. Car l'affaire fait grand bruit et de toute la province des foules affluent, pleurant la mort de Robert, moins qu'elles ne se réjouissent de l'aubaine : « que Dieu avoict decoré leur dyocese d'ung tel et sy sainct personnaige et, qu'il croyent, en Paradis intercedoyt pour eulx ».

« Voyant qu'il ne povoient aultrement chasser ceste multitude de seculiers », frères et sœurs implorent qu'on les laisse au moins ensevelir leur maître ; ce qui leur est accordé. Le samedi, les religieux revêtent Robert d'un cilice et d'une robe — la livrée de l'ermite sans doute — qui rappelleront sa préférence. Ils le mettent dans un cercueil et lui font un semblant d'obsèques, entre deux sanglots. Commencent alors les veilles et le jeûne.

Pétronille jusqu'ici n'a rien tenté. Elle attend son heure. L'arrivée de nobles personnages de Bourges lui donne des interlocuteurs à sa mesure, des gens de son monde. Elle se plaint à eux du tort qu'on lui fait et leur demande d'intercéder en sa faveur auprès de leur archevêque. Sollicité, Léger s'adoucit : il va prendre conseil des gens de sa province et rendra sa réponse le dimanche. Sa résolution est ferme cependant, puisqu'il commence à faire sculpter pour son ami un cercueil de pierre, comme pour mieux l'arrimer au sol d'Orsan. L'assemblée de la province se réunit, superbe d'ordonnance : les réguliers et les séculiers, les nobles et les autres. Elle confirme Léger dans son choix. Une délégation de seigneurs va rendre compte à Pétronille de cette décision et s'en explique : ils garderont « le corps du bon pere, lequel *gratis* Dieu leur avoict donné... Car ce Dieu eust voulu qu'il eust esté enterré audit Fontevrault, n'eust permis qu'en ses cartiers fut decedé. Mesmes leur debvoict suffire que l'avoient eu, plus que nulz aultres viventz, en conseil et en familiarité et nous conceder l'avoir mort puysque, en sa vie, rarement ne l'avoient peu avoir ». Cette dernière argutie était inévitable : c'est celle-là même qu'assenèrent les Poitevins aux Tourangeaux pour garder à Candes le corps de saint Martin. La raison théologique semble plus imparable encore : n'est-ce pas s'opposer à la Providence que de vouloir modifier le cours des choses ?

Pétronille a une grande force. Elle n'argumente pas, elle vocifère. Elle prévient d'abord les émissaires qu'elle en appellera au légat et à Rome, conformément à la consigne donnée par Robert. Puis le ton monte. S'il le faut, elle en appellera à Dieu « et sy n'y a pape, ni roy, ni prince, ni personne tant soict puissante, a qui le Juge d'equité ne fasse rayson ! » Le coup porte. Les Berrichons, qui croyaient l'affaire sans risque, se retrouvent face à un puissant réseau d'influence, face à une hiérarchie ecclésiastique qui surpasse leur archevêque, face surtout à une détermination qu'ils n'attendaient pas de cette troupe apeurée. « Grandement estonnéz », ils rendent compte de leur ambassade à Léger et l'avertissent qu'ils se retirent de l'entreprise. Ils sont séculiers, incompétents en cette affaire qui ne regarde que l'archevêque et encore le mettent-ils en garde de n'être passible de ses actes, au jour du Jugement. Pétronille de Chemillé, en un assaut, a fait éclater l'apparente harmonie du parti adverse : voici les laïcs plus grégoriens que les clercs, résolus à ne pas s'immiscer dans le domaine spirituel. Ils lèvent le camp. Léger est réduit aux forces de sa maison. Ses gens lui soufflent à l'oreille d'emporter sans plus tarder le corps à Bourges, escomptant peut-être les profits qu'ils en tireront. Il ne leur répond pas. Le doute le prend.

Le lundi, les religieuses défilent autour de leur bâtiment, pieds nus, sans manteau, n'ayant plus sur le dos, en ce petit matin d'hiver, que leurs robes et leurs voiles. Entrant dans la chapelle, elles prêtent serment sur le saint corps de ne plus manger ni boire jusqu'à obtenir satisfaction. Léger vient à elles, ému de leurs extravagances : « Vous sçavéz comment me suys donné à vous et comment aymes ce lieu, mesmes comment ay esleu icy estre ensepulturé. Je m'esjouyssois grandement que Dieu m'avoict donné un tel compagnon, pourtant le voulois retenir affin d'estre a ses piedz enterré. » Déjà, il parle de son désir au passé ; il n'y croit plus. De l'instant où il a accepté de discuter, le samedi, il n'a cessé de voir s'amenuiser son avantage. Maintenant, il est soucieux de la santé des sœurs et les adjure de reprendre leur vêtement, le boire et le manger. Désemparé, il demande la trêve : « Priéz Notre Seigneur qu'il luy plaise me inspirer que c'est que j'é affaire ! » Il faut battre le fer tant qu'il est chaud ; Pétronille n'ignore pas l'adage :

« Certainement nous ne serons plus voz filles et ne prirons plus pour vous ne pour votre lignee, jusques ad ce que nous rendés notre bon pere. Saichés que, s'il eust voulu sceans estre enterré, ne nous eust pas commendé le contraire, ne vous prié le faire porter a Fontevrault et la, vous mesmes, faire ses obseques ! »

Si, depuis le début de l'échauffourée, les intérêts surtout se sont donné libre cours, deux logiques s'affrontent aussi en ce débat. Pour Léger, l'ordre des choses est l'ordre voulu par Dieu ; il faut s'y abandonner. Pour Robert et pour Pétronille, dépositaire maintenant de son désir, il est des vocations plus fortes que les lois ordinaires. Fontevraud est la pièce maîtresse d'un projet qui doit, envers et contre tout, s'accomplir ; même contre l'apparente volonté divine qui fait choir le saint en terre étrangère. Jacob n'a-t-il pas ravi à Esaü son droit d'aînesse ? N'a-t-il pas usurpé la bénédiction d'Isaac ? Il est Israël, celui qui, en une étreinte nocturne, n'a pas craint de lutter avec Dieu, corps à corps, et qui, par les degrés de l'échelle mystique, atteint à Sa contemplation, face à face. Dans le trajet de tout saint, il est toujours un temps d'apparente révolte qui, en fait, dévoile le dessein que Dieu célait aux hommes. « Alors le bon arcevesque, *oyant ceste reponce, s'en alla tout triste* » ; comme un certain jeune homme riche qui venait de comprendre où était la vérité.

Le mardi, il fait venir à lui l'abbesse et son état-major. Il dit sa défaite, noblement, et son aveu le hausse au-dessus du vainqueur : « Je voys bien que estes encores en voz propos et ne vouléz consoler sy n'avéz ce que demandéz. Je voys dire : la pitié qu'ay de vous me contrainct. Car je testifie icy devant Dieu : ce qu'en ay faict n'estoict sinon l'amour que j'avoys a luy ; et desiroys bien qu'il fut icy enterré affin d'estre mys à ses piedz. Je croy que cela m'eust profité devant Notre Seigneur estre accompagné d'ung si sainct personnaige. Et pourtant pardonnés a moy et aux miens ce qu'en avons faict et la paine que vous en avons donnee. Reposéz vous encores aujourduy et, demain, vous en allés en la garde de Notre Seigneur. Et ainsy comme votre bon maistre m'a prié et requis, Dieu aydant, moy mesmes iray faire ses funerailles. »

Fontevraud l'emporte. Pétronille a réussi un extraordinaire renversement de situation. Léger de Bourges tombe victime, au fond, de sa sincérité ; en lui, la fidélité à l'ami a triomphé de l'ardeur possessive de l'amitié. En lot de consolation, on laisse au prieuré du Berri le cœur séparé de Robert. André ne le dit pas. Il ne raconte pas non plus, parce qu'il écrit trop tôt, que, lorsque l'archevêque meurt en 1120, il lègue aux moniales d'Orsan la demeure qu'il avait acquise en ce lieu. Il se fait enterrer dans l'église, son tombeau jouxtant la pyramide qui contient le cœur de son ami. Sur le mausolée, on lisait cette épitaphe :

« Il aima tant Robert durant sa vie qu'il n'aurait pas voulu, après sa mort, être séparé de son cœur. »

∴

Le corps saint échappe enfin au piège. Le mercredi, on se met en route, en bel arroi. Quatorze lieues au nord, puis on embarque sur le Cher. On se laisse porter jusqu'à la Loire au fil de l'eau. Le convoi se gonfle au passage de prélats et de barons et accoste, le dimanche suivant, triomphal, au port de Candes. De la grande abbaye, frères et sœurs descendent au-devant du cercueil, mais également les gens du bourg « depuis le plus petit jusques au plus grant ». Au confluent de la Loire et de la Vienne, ceux de Candes attendent aussi, de pied ferme. En 397, leurs lointains aïeux ont vu leur échapper le corps du grand Martin. Il a filé sur le fleuve jusqu'à Tours, tandis que sur les rives, le printemps refleurissait au plein cœur de l'automne, pour l'éphémère été de la Saint-Martin. Aujourd'hui, ils veulent garder Robert que le Ciel leur envoie ; pour une nuit, disent-ils, et si possible pour toujours. Echaudés par l'affaire d'Orsan, les fontevristes font la sourde oreille. Alors les gens de Candes, armés d'épées et de bâtons, en viennent à « injurier, frapper et mutiler les religieux ». Ceux-ci, tel leur maître parmi les brigands, se jettent par les champs en prières. Leurs adversaires à ce spectacle abandonnent la partie et, sans rancune, tous remontent le vallon jusqu'à Fontevraud.

Du dimanche au lundi, le corps est veillé au Grand-Monastère. Puis commence une procession à la mesure de cette ville monastique. Robert doit partout être exposé, comme relique dans sa monstrance. Le lundi, il stationne à Saint-Lazare, chez les lépreux qu'il aimait et qui vivent là entre eux, un peu à l'écart. On lui fait un service aussi à la Madeleine. Le mardi, il passe à Saint-Jean-de-l'Habit, le prieuré des hommes, mais n'y arrête guère pour être longuement exposé au parvis du Grand-Monastère où se pressent les peuples des régions avoisinantes. C'est ce dont rêvait Robert : l'unité de l'ordre scellée sur sa dépouille et, autour d'elle, l'unanimité des nations.

On voudrait maintenant enterrer ce mort dans la boue de Fontevraud, qu'il appelait de ses vœux. Il reste pourtant un dernier combat à narrer, rapide comme l'éclat d'une lame au soleil, décisif. Les frères s'affairaient autour du cercueil, s'apprêtant à inhumer Robert à la place qu'il avait désignée. « Et jassaiche qu'il eust commandé estre inhumé au cimetiere avec ses bons religieux et religieuses, toutesfoys plusieurs arcevesques, abbéz et religieux, gens nobles et gros seigneurs qui la assistoyent dirent qu'il debvoict estre mys a la grant eglise. » La boue signifie, bien sûr, l'humilité de Robert : *humus, humilitas.* Ce corps écarté des honneurs mérités devait rappeler à chacun dans quel esprit le fondateur s'était soumis aux sœurs et leur avait soumis ses frères avec lui, comme une pénitence. Les nobles moniales ne pouvaient supporter ce qui, le maître disparu, n'était plus qu'un affront.

Elles n'ont même pas à livrer bataille. Prélats et barons s'en chargent pour elles, désireux en apparence de rendre hommage au défunt, mais soucieux sans doute de défendre le rang des femmes de leur sang, de leur monde. Raoul d'Orléans, archevêque de Tours, Rainaud de Martigné, évêque d'Angers, abbés en grand nombre, Foulque d'Anjou, Berlai de Montreuil, Gauthier de Montsoreau, Robert de Blois, Gilbert de Loudun. Que pèsent quelques moines obscurs contre pareilles bannières ? A Orsan, par-dessus le cilice, les frères avaient dû enfiler au cadavre la grossière bure de l'ermite. Ce signe est lui aussi effacé et cette chair qui appelait le tourment paraît, pour la dernière fois, vêtue d'un habit de prêtre, domestiquée, inoffensive. Les frères, bras ballants, bouche bée, voient leur compagnon enterré en grande pompe et en trop grand honneur. En ce mardi 7 mars 1116, le Fontevraud subtil et fou de Robert d'Arbrissel a vécu. Reste une maison de retraite pour filles de famille en surnombre et pour grandes dames lassées du monde, flanquées de leurs prêtres et de leurs domestiques. A la droite du grand autel de l'église abbatiale, le saint corps, confisqué, marque la double victoire de Pétronille de Chemillé.

Léger de Bourges, qui est venu présider la célébration des funérailles, comme Robert l'en avait prié, reste jusqu'au lendemain. On imagine mal qu'il se soit rangé le mardi aux côtés des grands, lui qui, pour tant avoir souhaité être inhumé aux pieds de son ami, devait en comprendre le projet d'humilité. Ce mercredi, c'est au chapitre des frères qu'il prononce un sermon d'adieu. Entre vaincus. Qu'ont-ils bien pu se dire ?

6.

LE DISCIPLE QU'IL AIMAIT

La *Vie* d'un saint ne s'arrête pas à sa mort, ni à son enterrement. A cette place, dans la grande tradition hagiographique, devraient s'élever les louanges des hommes, imparfaits échos du chœur des anges ; puis, à la file, se succéder les miracles accomplis par l'intercession du défunt, tout particulièrement ceux fleuris sur sa tombe, poussant plus dru sur cette dépouille féconde.

Le souvenir d'un saint ne se limite pas à la rédaction de sa *Vie*. Avant même qu'on mette celle-ci en œuvre, un messager a été dépêché vers les abbayes amies, vers les cathédrales voisines, les chapitres, les écoles. Il porte un long rouleau de parchemin. En tête, un court nécrologe signale le retour de l'élu vers le Père et rappelle, en un bouquet serré, ses œuvres inoubliables et ses vertus inégalées. Apprenant la nouvelle, chacun y va de sa larme, de son vers, de sa louange. La précieuse spirale revient, des mois plus tard, à son origine. On la resserre précautionneusement dans la bibliothèque ou le chartier, en témoignage du rayonnement du défunt. Le rouleau de mort de Vital de Savigny comporte pas moins de deux cent huit mentions, de deux cent huit mains différentes ; une mine d'or pour les paléographes, une gloire pour son ordre. Le culte s'organise : on exhume le corps, on constate sa miraculeuse imputrescibilité, on le place dans une châsse où chaque pèlerin pourra mieux s'en repaître, on rédige un office propre qui commémorera le jour de sa mort. Puis, comme le flot des prodiges, loin de tarir, s'amplifie, on les consigne dans un livre de miracles qui, indéfiniment, prolongera sa *Vie*.

De Robert d'Arbrissel, on organise très soigneusement l'oubli : pas de rouleau ; une curieuse incertitude sur l'année de sa mort ; plus invraisemblable encore, un flottement sur le jour de son départ vers le Père, donc de sa fête. Les deux chartes mentionnant ses obsèques sont écartées du grand Cartulaire. Agnès, témoin du trépas, expédiée à Véga de Léon en Espagne dans le plus lointain prieuré de l'ordre, peut méditer à loisir sur les petitesses de l'esprit de clocher et les grandeurs de l'obéissance. Le choix de l'emplacement du tombeau se révèle d'une grande efficacité. Comblé d'un honneur dont il ne voulait pas, confisqué par les seules religieuses dans la partie la plus secrète de leurs quartiers, Robert est à la fois soustrait aux frères et aux foules. Interdite à ses compagnons, inaccessible à la pitié populaire, sa tombe ne voit fleurir aucun miracle. La rumeur de sainteté faiblit et s'éteint. Sur le mausolée de pierre se referme l'oubli.

Au XVIIe siècle, voulant mettre au pas les frères qui refusent de leur obéir, les abbesses de Fontevraud tentent de rallumer le souvenir du lointain fondateur pour ainsi légitimer leur suprématie. Elles cherchent alors à obtenir de la papauté une très officielle canonisation, selon la procédure moderne qui n'existait pas à la mort de Robert. Mais faute de culte au tombeau, le dossier est désespérément mince. L'opération, au surplus, est délicate : on guettait une rumeur de sainteté, on recueille les fracas des scandales d'antan. Une deuxième tentative, au XIXe siècle, s'avère tout aussi infructueuse. Robert d'Arbrissel est à jamais en souffrance.

Pétronille de Chemillé se devait pourtant, malgré qu'elle en ait, de faire rédiger la *Vie* du fondateur. C'était le moins qu'elle puisse faire et c'est la seule chose, donc, qu'elle fit. Elle en confie le soin à Baudri de Bourgueil, prélat poète, gloire littéraire du temps. Elle lui donne, pour ce faire, le moins de renseignements qu'elle peut : il lui faut une œuvre de commande, qui n'entre pas trop dans les détails scabreux, qui aseptise le saint sous un flot d'eau bénite. Mais, nous l'avons dit, le charme de Robert était tel que même l'évêque de Dol avait été touché par la grâce. La *Vita prima* est fort peu amène pour l'abbesse : l'auteur rappelle d'entrée, avec une insistance désobligeante, que Pétronille a connu les couches nuptiales. Il vante les mérites d'Hersende et explique que seule la mort l'a empêchée d'occuper la charge d'abbesse. Il souligne que Robert accueillait les pauvres par prédilection et que, s'il ne rejetait pas pour autant les femmes de la noblesse, c'était pour se conformer à l'image du Christ qui ne repoussait personne ! Et ce sont donc les aspects les plus fougueux de son héros qu'il exalte : l'ascèse au désert, les prédications, les cohortes qui le suivent.

Pétronille est prise à son propre piège. La réputation de Baudri est trop haute pour que son œuvre reste sous le boisseau. A défaut de la supprimer, il faut l'équilibrer par un autre récit. L'abbesse se tourne alors vers le prieur de Saint-Jean-de-l'Habit, ancien chapelain de Robert ; un lettré, mais obscur, et qui n'a cessé de lui manifester une parfaite soumission. Elle mesure tout le profit qu'elle pourrait tirer de sa relation. Il fut témoin des derniers mois de Robert, de ceux qui ont vu l'élection de Pétronille ; présent aux derniers jours, ceux qui ont connu le triomphe de l'abbesse sur le Berri enfiévré. En excentrant le récit sur ces ultimes péripéties, sous couvert de compléter l'œuvre de Baudri, on évitera les années d'outrances et d'errements. Robert va apparaître en fondateur posé, en sage à l'autorité reconnue de tous les clercs, appelé d'un bout à l'autre du royaume pour prêcher la bonne parole ou résoudre les discordes. Rois, grands, brigands lui rendront hommage ; et c'est cet homme-là, indiscuté, qui transmettra à Pétronille son superbe héritage. A défaut de gloire littéraire, elle tient son hommelige. La deuxième *Vie* sera tout entière à la gloire de l'abbesse.

André était soumis comme son maître lui avait appris à l'être. Sous la coupe des femmes, il vit en secret une ascèse qui, croit-il, assurera son salut. A trois ou quatre ans de la mort de Robert, rompant le silence auquel il s'était tenu, sa voix s'élève, claire, nette, intolérable. André témoigne, avec la déférence due à sa supérieure, mais sans l'ombre d'une concession. L'esprit dans lequel fut conçu la soumission des hommes aux femmes, les droits imprescriptibles des frères, la tendresse charnelle de Robert pour ses filles, mais son dédain aussi pour elles et pour la fondation, sa préférence irréversible du désert, les emportements de Pétronille comme ses maladresses, les vœux d'inhumation bafoués, tout y est. Pas moins de huit fois, le chapelain rappelle que le maître désirait s'engloutir dans la boue de Fontevraud, comme pour rendre plus éclatante encore la trahison de son désir. Léger de Bourges lui-même sort grandi de sa défaite et l'on sent que le narrateur préfère l'entêtement de cette amitié sincère à la caresse du baiser de Judas.

De savants érudits du XVIIIe siècle ont mis en doute l'attribution à André de la *Vita altera,* sous prétexte qu'il était présent dans le récit et ne pouvait parler de lui à la troisième personne ! Ainsi l'esprit critique voile-t-il parfois le bon sens. Dans l'univers déroutant de l'hagiographie médiévale, où chacun est la figure d'un autre, bien plus qu'il n'est le Sulpice Sévère d'un nouveau Martin, le prieur se veut à l'image de Jean l'Evangéliste, « *le disciple que Jésus aimait* ». A la lumière de cette imitation, bien des points sortent de l'ombre. André parle de lui-même avec cette distance que l'Evangéliste manie avec tant d'art. Avec ses frères, il accepte la charge de ces femmes qui ne sont de la Vierge-Mère que de pâles reflets. Comme Jean reçoit du Christ, au soir de la Cène, la révélation de celui qui va trahir, le chapelain recueille l'ultime confidence du mourant ; un propos, nous l'avons noté, qu'il ne rapporte pas, comme s'il souhaitait s'en faire une arme en le gardant secret. Enfin, pour parachever la ressemblance, voici qu'André est sommé de consigner la Passion de Robert en un nouvel *Evangile.* Une fois de plus, ces visages dont nous pensions saisir les traits, ces individus que nous espérions entrevoir par ce que Jacques Le Goff appelle « les failles du discours » se figent, hiératiques, en ce tableau du Calvaire auquel la vie de Robert nous ramène inlassablement, comme vers la pièce maîtresse du mystère : Jean soutenant Marie, Madeleine à genoux et le Christ dans sa déréliction.

Pétronille n'est pas femme à accepter l'inacceptable. En s'engageant sur les traces de Robert, des années auparavant, elle s'est soustraite à la puissance des mâles de son lignage. Elle a choisi une des rares voies où son opiniâtreté, ses ambitions puissent avoir libre cours. Vers 1122, la mort de l'inexorable prieur laisse à l'abbesse les coudées franches. Par elle-même, elle ne peut écrire ; elle désespère de trouver une plume serve. Je crois (mais même vraisemblable, ce n'est qu'hypothèse), je crois qu'elle décide alors de censurer l'écrit d'André. Si ce n'est elle qui l'ordonne, en tout cas quelqu'un le fait. Conservant le début de l'œuvre qui rappelle la soumission des frères et l'élection de Pétronille, on en tronque la fin plus difficilement supportable, en utilisant avec adresse un passage ambigu qui, juste après la confession de Robert, peut passer pour l'annonce de son trépas. On recopie avec soin ce beau mensonge par omission. La *Vie* ainsi divulguée est recueillie au XVIIe siècle par plusieurs érudits qui l'éditent, tandis que les manuscrits médiévaux se perdent.

Dans un coin du chartier, dans le désordre des archives de Fontevraud, avec quelques chartes gênantes, on a jeté l'original aux oubliettes. Il y dort près de quatre cents ans. Mais voici qu'au début du XVIe siècle, l'abbesse du moment, Renée de Bourbon, veut mettre au pas les religieuses de la maison mère qui vivent dans le luxe et dans une liberté suspecte. On lui signale ce vieux manuscrit, exaltant le dénuement du fondateur et rabaissant le caquet des femmes. Renée confie à un frère obscur, un certain Boudet, le soin de traduire ce grimoire latin qu'on commence à ne plus bien comprendre. Sagement, consciencieusement, Boudet se met au travail : une bonne version d'élève appliqué, parfois un peu obtus, en cette belle langue du XVIe siècle qui nous a livré le miracle de Menat et la fin du récit d'André.

Au XVIIe siècle, les abbesses ont au contraire maille à partir avec les frères de l'ordre. La version abrégée qui circule depuis le Moyen Age leur convient tout à fait. Elles en favorisent précisément l'édition. Le petit volume manuscrit en version française, qui n'intéresse plus personne, échoue chez un bibliophile, érudit besogneux. A sa mort, il lègue ses livres à Colbert. L'opuscule de Boudet entre donc dans la bibliothèque du secrétaire d'Etat, perdu dans le lot, au rang des livres estimés à la moindre valeur. Au XVIIIe siècle, la Bibliothèque royale achète le fonds de la Colbertine. Traversant paisiblement les régimes, jamais dérangé, le volume dort sur les rayons de la Bibliothèque nationale, unique témoin de la mort de Robert d'Arbrissel et de la fidélité du disciple qu'il aimait ; tout petit, plus petit que la main, comme pour dire la fragilité du souvenir.

Cette lointaine histoire que raconte le petit livre, où les femmes triomphent des hommes en plein âge féodal, ne doit pas nous faire prendre l'exception pour la règle. Le récit du prieur, enregistrant la double victoire de Pétronille de Chemillé, parle aussi, d'une certaine manière, de sa défaite. Aucun des hagiographes qu'elle a pressentis, n'est entré dans son jeu. Et si tant est qu'elle censure la relation d'André, ce coup de force rageur est en même temps signe éminent de sa faiblesse. Jamais, dans cette affaire comme dans presque tout le Moyen Age, la voix des femmes n'est entendue. Les plus puissantes doivent encore passer par la plume des clercs pour célébrer leur triomphe et apprennent à leurs dépens que ce n'est pas sans péril.

Hersende, Pétronille, Angarde, Agnès... sans parler des plus humbles qui à jamais se dérobent. Qui nous dira les raisons exactes qui les ont poussées à quitter château, bordel ou mari pour suivre Robert ? Qui nous dira l'affection qu'elles avaient pour lui, la force de leur foi ? Il faut l'imaginer, presque de toutes pièces. Les textes sont contre elles : lorsqu'elles refusent de jouer les vierges timides ou les pécheresses repenties, c'est en *virago* qu'ils nous contraignent à les ressusciter.

A Rouen, à Menat, d'une lointaine vibration de son âme fêlée, au terme d'un long et tortueux chemin, Robert d'Arbrissel fait un instant trembler de très épaisses, très antiques et très durables murailles, celles-là qui se dressent entre hommes et femmes, entre gens qui ont parole et puissance et les autres, réduits au silence ; tandis que sa *Vie* mutilée témoigne à rebours de la toute-puissance du verbe et de ceux qui le détiennent, parmi les hommes.

GLOSSAIRE

ancelle : servante
cartier : région
coulpe : faute
crestian : chrétien
decepvoir : abuser
decorer : honorer
depris : mépris
empescher : importuner
ensepulturer : ensevelir
eschauguetter : guetter
esleu : élu
fault, de *faillir* : manquer
ja pieça : depuis longtemps déjà
jassaiche que : bien que
ministrer : servir
oultre : contre
peccatrice : pécheresse
propos : disposition
sanctimoniale : religieuse
sy : aussi
terger : essuyer
testifier : témoigner

BIBLIOGRAPHIE

Sources sur Robert d'Arbrissel

Dans la *Patrologia latina* (éd. J.-P. Migne) :
— *Vita prima B. Roberti de Arbrissello* par Baudri de Bourgueil, T. 162, col. 1043-1058.
— *Vita altera B. Roberti de Arbrissello* par André, T. 162, col. 1058-1078.
— Lettre de Geoffroy de Vendôme, T. 157, col. 181-184.
— Lettre de Marbode de Rennes, T. 171, col. 1480-1492.

Dans *L'Impossible Sainteté. La vie retrouvée de Robert d'Arbrissel* (éd. J. Dalarun) :
— *Vie de Robert d'Arbrissel* par André, trad. Boudet, pp. 264-299.
— *Miracle* de Ménelay, pp. 297-298.
— *Miracle* de Rouen, p. 349.

Dans *Bibliothèque de l'Ecole des Chartres,* T. XV, 1854 (éd. J. de Pétigny), Lettre de Robert d'Arbrissel à la comtesse Ermengarde, pp. 225-235.

Ouvrages sur Robert d'Arbrissel

R. Bezzola, *Les Origines et la formation de la littérature courtoise en Occident (500-1200),* 2e partie, T. II, Paris, 1960, pp. 275-292.

J.-M. Bienvenu, *L'Etonnant Fondateur de Fontevraud, Robert d'Arbrissel,* Paris, 1981.

J. Dalarun, *L'Impossible Sainteté. La vie retrouvée de Robert d'Arbrissel,* Paris, Cerf, 1985, Préface de Pierre Toubert.

L. Raison, *Souvenirs, culte et reliques du Bienheureux Robert d'Arbrissel, dans Bull. et mém. de la soc. arch. d'Ille-et-Vilaine,* Rennes, T. 51, 1924, pp. 1-68 ; T. 52, 1925, pp. 1-61.

J. von Walter, *Vie de Robert d'Arbrissel,* trad. J. Cahour, dans *Bull. de la comm. hist. et arch. de la Mayenne,* Laval, T. XXIII, 1907, pp. 257-292 et 385-406.

Ouvrages généraux sur l'époque et sur l'hagiographie

M. de Certeau, art. *Hagiographie,* dans *Encyclopedia Universalis,* T. VIII, pp. 207 A-209 B.

J. Chelini, *Histoire religieuse de l'Occident médiéval,* Paris, 1968.

G. Duby, *Le Temps des cathédrales : l'art et la société (980-1420),* Paris, 1977.

— *Saint Bernard : l'art cistercien,* Paris, 1976.

— *Le Chevalier, la femme et le prêtre. Le mariage dans la France féodale,* Paris, 1981.

L'Eremitismo in Occidente nei secoli XI e XII, Milan, 1965.

J. Fontaine, *Vie de saint Martin* par Sulpice Sévère, Paris, 1967-1969.

Hagiographie, cultures et sociétés (IVe-XIIe siècles), Paris, 1981.

D. Iogna-Prat, *La Femme dans la perspective pénitentielle des ermites du Bas-Maine (fin XIe début XIIe siècles),* dans *Revue d'Histoire de la Spiritualité,* T. 53, 1977, pp. 47-64.

J. Lacarrière, *Les Hommes ivres de Dieu,* Paris, 1975.

J. Le Goff, *La Civilisation de l'Occident médiéval,* Paris-Grenoble, 1964.

J. Michelet, *Histoire de France. Le Moyen Age,* Paris, 1869.

V. Saxer, *Le Culte de Marie-Madeleine en Occident des origines à la fin du Moyen Age,* Paris-Auxerre, 1959.

A. Vauchez, *La Spiritualité du Moyen Age occidental (VIIIe-XIIe siècles),* Paris, 1975.

— *La Sainteté en Occident aux derniers siècles du Moyen Age, d'après les procès de canonisation et les documents hagiographiques,* Rome, 1981.

J. de Voragine, *La Légende dorée,* trad. J.-B. M. Roze, Paris, 1967.

TABLE

Imprimé en France
FROC02n1106061017
17908FR00001B/2/P

9 782226 398208